수학 없이 배우는

데이터 과학과 알고리즘

Korean-language edition copyright ⓒ 2018 by acorn publishing Co. All rights reserved.

Copyright ⓒ 2017 by Annalyn Ng and Kenneth Soo.
Title of English-language original: Numsense! Data Science for the Layman: No Math Added, ISBN 9789811110689.

이 책은 Annalyn Ng, Kenneth Soo와 에이콘출판㈜가 정식 계약하여 번역한 책이므로
이 책의 일부나 전체 내용을 무단으로 복사, 복제, 전재하는 것은 저작권법에 저촉됩니다.

수학 없이 배우는 데이터 과학과 알고리즘

모두를 위한 데이터 사이언스

애널린 응 · 케네스 수 지음
최광민 옮김

에이콘출판의 기틀을 마련하신 故 정완재 선생님 (1935-2004)

추천사

빅데이터$^{\text{big data}}$가 대세다. 우리의 삶이 점점 더 데이터에 점령당하면서 이러한 데이터로 수익을 창출하는 일은 거의 모든 조직의 관심사가 됐다. 데이터로부터 패턴을 인식하고 미래를 예측하는 기술은 비즈니스의 새로운 장을 열어가고 있다. 상품 추천 시스템을 예로 들면, 소비자에게는 흥미를 느낄 만한 상품을 추천해주고 판매자에게는 이윤을 증대시킴으로써 판매자와 소비자가 서로 윈윈$^{\text{win-win}}$할 수 있게 해준다.

그러나 빅데이터는 그저 퍼즐의 한 조각일 뿐이다. 우리로 하여금 데이터를 분석하고 활용할 수 있게 해주는 데이터 과학$^{\text{data science}}$은 머신 러닝$^{\text{machine learning}}$과 통계, 수학의 여러 분야들을 포괄하는 다각적인 학문이다. 이 책에서는 패턴 인식과 예측 능력을 가능케 하는 핵심 도구라는 측면에서 머신 러닝의 역할을 조명한다. 적절한 데이터와 머신 러닝 알고리즘 덕분에 데이터 과학이 가치 있는 통찰을 이끌어내고 우리 주위에 널려 있는 정보를 새로운 방식으로 활용할 수 있다.

데이터 과학이 어떻게 오늘날의 데이터 혁명을 이끌고 있는지를 체감하려면 이 분야에 문외한인 보통 사람들도 이 분야를 좀 더 잘 이해해야 한다. 그러나 선수 지식에 대한 이해라는 압박감은 데이터 과학이라는 분야를 기피하게 만든다. 반면, 데이터를 이해하는 능력에 대한 수요는 커지고 있다.

『보통 사람을 위한 데이터 과학』이 출판된 이유가 바로 여기에 있다. 애널린 응과 케네스 수를 알수록 이 책이 본연의 역할을 다할 것임을 믿어 의심치 않게 됐다. 이 책은 말 그대로 보통 사람을 위한 데이터 과학을 다루고 있으며, 복잡한 수학을 개념적으로 설명함으로써 너무 상세한 내용을 의도적으로 배제한다. 그렇다고 해서 책의 내용이 분명하지 않다는 뜻은 아니다. 오히려 간결한 요약 덕분에 책의 핵심 내용에 집중할 수 있다.

이런 방식이 얼마나 좋은지 궁금한가? 나는 매우 좋다고 답하고 싶다. 평범한 사람들에게는 이런 방식이 좋다고 주장하는 바다. 자동차 운전을 배우려는 보통 사람이 있다고 가정해보자. 이 사람에게 추진 역학에 대한 기술적인 내용보다는 자동차의 구성 요소에 대한 개념적인 설명이 부담이 덜할 것이다. 데이터 과학 입문자도 마찬가지다. 여러분이 이 분야에 관심이 있다면 수학 공식을 깊이 공부하기 전에 광범위한 개념을 먼저 공부하는 편이 쉬울 것이다.

이 책의 도입부에서는 초심자들에게 기본적인 개념들을 몇 페이지에 걸쳐 빠르게 습득하게 함으로써 모든 독자가 데이터 과학이 무엇인지에 대한 이해를 할 수 있도록 한다. 몇몇 입문서에서 다루지 않는 알고리즘 선택 등의 중요한 개념도 독자들이 빠르게 이해할 수 있게 설명하고 있으며, 더불어 실전에 필요한 포괄적인 틀도 제공한다.

애널린과 케네스가 책에서 다룰 만한 주제는 수없이 많고, 이를 설명하는 방식도 여러 가지가 있었다. 그러나 데이터 과학에서 매우 중요한 머신 러닝 알고리즘에 초점을 맞추고, 몇 가지 예제 시나리오를 바탕으로 그러한 개념을 설명하기로 한 것은 매우 현명한 결정이다. 수많은 사례에서 그 가치가 이미 입증된 k-평균 클러스터링과 의사결정 트리,

최근접 이웃 알고리즘은 물론, 그보다 최신의 분류 알고리즘과 (복잡한 수학 때문에 기피하곤 하는) 서포트 벡터 머신, 랜덤 포레스트를 비롯한 앙상블 알고리즘도 잘 설명하고 있다. 최근 들어 딥러닝 열풍을 이끄는 원동력인 신경망도 다루고 있다.

알고리즘을 직관적인 예제로 설명하는 것도 이 책의 강점이다. 랜덤 포레스트를 범죄 예측으로, 클러스터링을 영화 팬들의 취향을 파악하는 예제로 설명하는 등 명확하고 실용적인 이해에 도움을 주는 예제를 택하고 있다. 더불어 어려운 수학에 대한 언급을 피함으로써 데이터 과학을 공부하고자 하는 독자의 의지를 북돋아준다.

데이터 과학과 그 원동력이 되는 알고리즘에 입문하고 싶은 초심자에게 이 책을 적극 추천한다. 이보다 더 좋은 교재를 찾기는 어렵다. 이 책과 함께라면 더 이상 수학이 여러분의 앞길을 가로막지 못할 것이다.

매튜 메이어
데이터 과학자, KDnuggets 대리 편집자
@mattmayo13

지은이 소개

애널린 응 Annalyn Ng

미시간대학교(앤아버)를 졸업했고, 그곳에서 통계학 강사로 일했다. 케임브리지대학교 정신분석학센터에서 박사 준비 과정을 이수했고, 타깃 광고를 위한 소셜 미디어 데이터 마이닝과 채용을 위한 인지 테스트를 개발했다. 디즈니연구소의 행동 과학 팀에서 고객의 정신분석학적 프로필을 분석했다.

케네스 수 Kenneth Soo

2017년 중반에 스탠퍼드대학교에서 통계학 석사를 이수했다. 워릭대학교 통계경제학부 운영연구과에서 3년 내내 수학 강의 1등을 차지했다. 같은 대학 운영 연구와 관리 과학 그룹의 연구원으로 일했고, 무작위성 실패에 취약한 네트워크 연구 분야에서 견고한 다중 목적 최적화를 연구했다.

지은이의 말

이 책은 두 명의 열정적인 데이터 과학자인 애널린 응(케임브리지대학교)과 케네스 수(스탠퍼드대학교)가 여러분에게 바치는 선물이다.

날이 갈수록 업무에서의 의사결정에 데이터 과학을 많이 사용하고 있지만, 많은 사람들이 데이터 과학을 제대로 알지 못하고 있다. 이것이 바로 우리가 만든 튜토리얼을 책으로 엮는 이유다. 배움에 목마른 학생들과 현업에서 일하는 기업의 전문가, 호기심 많은 누군가를 포함한 더 많은 사람들에게 배움의 기회를 주기 위해….

각 튜토리얼은 수학과 전문 용어에 구애받지 않고 데이터 과학 분야의 기술에 있어 중요한 기능과 가정들을 다룬다. 그리고 실세계의 데이터와 예제를 바탕으로 이러한 기술들을 설명한다.

이 책은 우리 둘만의 힘으로 펴낼 수 없었다.

저술의 스타일을 능숙하게 다듬어주고, 이야기가 매끄럽게 흘러가도록 도움을 준 편집자이자 좋은 친구인 소냐 챈에게 감사를 표한다. 책의 서식과 그래픽에 조언을 준 도라 탄에게도 감사를 전한다. 내용을 쉽게 이해할 수 있게 하는 데 값진 제안을 해준 우리의 친구 미첼 포와 데니스 츄, 마크 호에게 감사를 전한다.

인내심을 갖고 우리에게 가르침을 주시고 전문적인 조언을 해주신 롱 응옌 교수(앤 아버, 미시간대학교)와 퍼시 량(스탠퍼드대학교), 미찰 코신스키 박사(스탠퍼드대학교)에게도 감사를 표한다.

마지막으로, 친한 친구들이 그러하듯 티격태격하지만 시작한 일을 끝낼 때까지 항상 서로의 곁을 지켜온 우리 서로에게 감사한 마음을 전한다.

옮긴이 소개

최광민(mhmckm@gmail.com)

한양대학교 컴퓨터 전공을 마치고 삼성 SDS 책임 연구원을 거쳐, 현재 인공지능 스타트업 알레시오에서 CTO로 재직 중이다. 회사에서든 일상에서든 새롭고 흥미로운 기술이라면 무엇이든 배우고 즐길 준비가 돼 있으며, 백발노인이 돼서도 끝없이 탐구하고 창조하는 사람이 되는 것을 인생의 목표로 삼고 있다.

옮긴이의 말

말 그대로 데이터의 시대가 왔다. 데이터가 곧 돈이요, 가치 있는 데이터를 확보한 기업이 미래의 주도권을 잡는 세상이 된 것이다. 누구나 데이터를 말하고, 데이터 과학을 이야기한다. 그만큼 데이터를 다룰 줄 알고, 데이터로부터 원하는 정보를 이끌어낼 수 있는 사람이 필요한 세상이다.

그러나 비전공자에게 데이터 과학이란 말은 어렵게 느껴질 뿐이다. 많은 사람들이 데이터를 분석하는 일에 흥미를 갖고 있지만 어디서 어떻게 무엇부터 시작해야 할지 갈피를 잡기가 어렵다. 전문적인 분석가를 목표로 하는 사람이 아니더라도 데이터 과학이 무엇이고, 어떤 과정으로 이뤄지는지 궁금해한다.

이 책은 이처럼 데이터 과학을 처음 시작하는 사람들에게 주로 사용되는 분석 기법과 핵심적인 머신러닝 알고리즘의 원리를 실제 데이터를 바탕으로 설명하고 있다. 구체적인 코드나 세세한 수학적 내용으로 독자를 힘들게 하기보다 알고리즘의 동작 원리와 장단점을 제시함으로써 데이터 과학을 처음 시작하는 비전공자나 데이터 과학이 무엇인지 궁금한 독자에게 훌륭한 출발점을 제공한다. 부디 이 책이 데이터 과학을 시작하고자 하는 모두에게 좋은 길잡이가 되길 바란다.

끝으로 이 책을 출간하는 데 도움을 주신 모든 분들께 고마움을 전하고 싶다. 좋은 책을 번역할 수 있는 기회를 주신 에이콘출판사의 모든 임직원분들께 감사를 전한다. 부족한 아들을 한결같은 마음으로 지지해주시는 부모님께도 감사의 마음을 전하며, 온갖 어려움에도 굽히지 않고 뜻을 함께하는 나의 동료 알레시오 김다운 대표에게 존경과 신뢰를 표한다. 무엇보다 항상 뜻하지 않던 길에서 새로운 기회를 열어주시고 한 걸음씩 나아갈 힘을 주시는 하느님께 감사와 사랑을 바친다.

차례

추천사 5
지은이 소개 8
지은이의 말 9
옮긴이 소개 11
옮긴이의 말 12
들어가며 20

1장   기초 훑어보기   23

1.1 데이터 준비 24
데이터 포맷 24
변수 타입 25
변수 선택 26
피처 엔지니어링 26
누락된 데이터 27

1.2 알고리즘 선택 28
비지도학습 29
지도학습 29
강화학습 30
이 밖에 고려해야 할 점 31

1.3 파라미터 튜닝 31

1.4 결과 평가하기 33
분류 지표 34
회귀 지표 35
검증 35

1.5 요약 37

2장 k-평균 클러스터링 — 39

- 2.1 고객 군집 찾기 — 39
- 2.2 예제: 영화 팬들의 성향 프로필 — 40
- 2.3 군집 정의하기 — 42
  - 얼마나 많은 군집이 존재하는가? — 42
  - 군집의 포함 관계는 어떤가? — 43
- 2.4 제약 — 45
- 2.5 요약 — 46

3장 주성분 분석 — 47

- 3.1 식품의 영양 성분 파악 — 47
- 3.2 주성분 — 48
- 3.3 예제: 식품 그룹 분석 — 51
- 3.4 제약 — 55
- 3.5 요약 — 57

4장 연관 규칙 — 59

- 4.1 구매 패턴 발견하기 — 59
- 4.2 지지도와 신뢰도, 향상도 — 60
- 4.3 예제: 식료품 거래 분석 — 62
- 4.4 Apriori 원리 — 64
  - 지지도가 높은 품목 집합 찾기 — 65
  - 신뢰도나 향상도가 높은 품목 규칙 찾기 — 66
- 4.5 제약 — 66
- 4.6 요약 — 67

5장 소셜 네트워크 분석 — 69

- 5.1 관계 매핑하기 — 69

5.2 예제: 무기 거래로 엿보는 지정학 70
5.3 루뱅 메서드 73
5.4 페이지랭크 알고리즘 75
5.5 제약 79
5.6 요약 80

6장 회귀 분석   81

6.1 추세선 찾기 81
6.2 예제: 주택 가격 예측 82
6.3 기울기 하강법 85
6.4 회귀 계수 87
6.5 상관 계수 88
6.6 제약 90
6.7 요약 91

7장 k-최근접 이웃과 이상 감지   93

7.1 식품 감별 93
7.2 유유상종 94
7.3 예제: 와인의 차이 알아내기 96
7.4 이상 감지 97
7.5 제약 98
7.6 요약 99

8장 서포트 벡터 머신   101

8.1 "아니요"냐, "절대 아니요!"냐? 101
8.2 예제: 심장병 예측 102
8.3 최적 경계 그리기 103
8.4 제약 106
8.5 요약 107

9장   의사결정 트리   109

9.1 재앙에서 살아남을지 예측하기 109
9.2 예제: 타이타닉 탈출하기 110
9.3 제약 114
9.4 요약 115

10장   랜덤 포레스트   117

10.1 대중의 지혜 117
10.2 예제: 범죄 예측 118
10.3 앙상블 121
10.4 부트스트랩 집계 122
10.5 제약 124
10.6 요약 124

11장   신경망   125

11.1 두뇌 흉내 내기 125
11.2 예제: 수기 숫자 인식 127
11.3 신경망의 구성 요소 130
11.4 활성화 규칙 132
11.5 제약 133
11.6 요약 136

12장   A/B 테스트와 멀티 암드 밴딧   139

12.1 A/B 테스트의 기초 139
12.2 A/B 테스트의 제약 140
12.3 입실론 감소 전략 141
12.4 예제: 멀티 암드 밴딧 142
12.5 '승자 고집하기'에 얽힌 재미있는 사연 144

12.6 입실론 감소 전략의 제약 ... 145
12.7 요약 ... 146

부록 149

A. 지도학습 알고리즘 개요 ... 149
B. 지도학습 알고리즘 개요 ... 150
C. 튜닝 파라미터 목록 ... 151
D. 다양한 평가 지표 ... 152
    분류 지표 ... 152
    회귀 지표 ... 155

용어집 ... 156
데이터 출처와 참고자료 ... 164
찾아보기 ... 167

들어가며

왜, 데이터 과학인가?

독자 스스로가 젊은 의사라고 상상해보자.

여러분의 병원을 찾은 환자가 호흡 곤란과 가슴 통증, 간헐적인 속쓰림을 호소한다. 혈압과 심장 박동 수를 확인했지만 정상이고, 이전에 어떤 병력도 없다.

체중을 재보니 환자가 뚱뚱함을 깨닫는다. 환자의 증상이 과체중인 사람들이 보이는 일반적인 증상과 같다. 이제 환자를 안심시키고, 시간을 내 운동을 하길 권한다.

이런 경우에 심장 질환을 놓치는 경우가 흔하다. 심장 질환의 증상이 일반적인 비만인들의 증상과 비슷하기 때문에 의사들은 심각한 상태를 진단할 수 있는 추가 검사를 하지 않는 경우가 많다.

우리는 인간이기에 판단은 제한되고 주관적인 경험과 불완전한 지식에 제약을 받는다. 이러한 제약은 의사결정 과정을 구속한다. 그리고 경험이 없는 의사들처럼 더 정확한 결정에 도움을 주는 검사들을 수행하지 않을 수도 있다.

이런 경우에 데이터 과학이 도움을 줄 수 있다.

데이터 과학의 기술을 이용하면 한 개인의 경험에 의존하기보다 더 다양한 곳에서 얻은 정보를 이용해 더 나은 결정을 내릴 수 있다. 예를 들어, 환자가 비슷한 증상을 호소한 예전 기록이 있다면 모르고 지나칠 뻔한 질병을 발견할 수도 있다.

현대적인 컴퓨팅 환경과 진보된 알고리즘을 이용하면 다음과 같은 일을 할 수 있다.

- 큰 데이터 세트에 숨겨진 추세^{trend} 발견하기
- 추세를 이용해 예측하기
- 가능한 결과들 각각의 확률 계산하기
- 정확한 결과를 빠르게 얻기

이 책은 데이터 과학과 그에 포함된 알고리즘을 보통 사람들의 언어로 소개한다(이 책에 수학은 없다). 여러분이 핵심 개념을 이해할 수 있도록 직관적인 설명과 많은 시각 자료를 사용할 것이다.

알고리즘마다 한 장을 할애해 실세계의 예제로 알고리즘의 동작 원리를 설명한다. 예제에서 사용한 데이터는 온라인에서 얻을 수 있으며, 출처는 참고문헌에서 볼 수 있다.

배운 내용을 복습하고 싶다면 각 장의 끝에 있는 요약을 확인하자. 책의 끝부분에서는 각 알고리즘의 장단점을 간략히 요약한 참고자료를 볼 수 있고, 일반적으로 사용하는 용어들을 포함하는 용어집도 볼 수 있다.

이 책을 바탕으로 데이터 과학에 대한 실용적인 이해를 얻고, 그 강점을 이용해 더 나은 의사결정을 할 수 있길 바란다.

이제 시작해보자!

01

기초 훑어보기

데이터 과학 알고리즘의 동작 원리를 완전히 이해하려면 기본부터 시작해야 한다. 따라서 개론을 다루는 1장이 이 책에서 가장 분량이 많은 장이며, 실제 알고리즘을 다루는 다른 장들보다 두 배 이상 길다. 그러나 1장의 소개를 바탕으로 거의 모든 데이터 과학 연구에 포함되는 기본적인 단계들을 명확히 정리할 수 있을 것이다. 이러한 기본적인 과정을 바탕으로 주어진 상황과 제약에 따라 알맞은 알고리즘을 사용하는 방법을 습득할 수 있다.

데이터 과학 연구의 기본적인 네 단계는 다음과 같다.

첫째, 분석을 수행하려면 데이터를 처리하고 준비해야 한다. 둘째, 해당 사례의 요구사항에 따라 적당한 알고리즘들을 추려야 한다. 셋째, 결과를 최적화하기 위해 알고리즘의 파라미터를 튜닝한다. 넷째, 이렇게 만들어진 모델들을 비교해 가장 좋은 모델을 선택한다.

1.1 데이터 준비

데이터는 데이터 과학의 전부라고 할 수 있다. 데이터의 질이 나쁘면 가장 정교한 분석 방법을 동원해도 신통찮은 결과를 얻는다. 이번 절에서는 분석에서 사용하는 기본적인 데이터 포맷을 살펴보고, 더 나은 결과를 얻기 위해 데이터를 처리하는 방법을 다룬다.

데이터 포맷

분석한 데이터를 표현하는 가장 흔한 표현이 표 형식$^{tabular\ form}$이다 (표 1 참고). 각 행^{row}은 한 번의 관측^{observation}에서 얻어진 데이터 포인트$^{data\ point}$를 나타내고, 각 열^{column}은 데이터 포인트를 설명하는 변수^{variable}를 나타낸다. 변수는 속성^{attribute}, 특징^{feature}, 차원^{dimension}이라고도 한다.

거래 ID	고객 종	날짜	구매한 과일	생선 구매	구매액(달러)
1	펭귄	1월 1일	1	예	5.30
2	곰	1월 1일	4	예	9.70
3	토끼	1월 1일	6	아니요	6.50
4	말	1월 2일	6	아니요	5.50
5	펭귄	1월 2일	2	예	6.00
6	기린	1월 3일	6	아니요	4.80
7	토끼	1월 3일	8	아니요	7.80
8	고양이	1월 3일	?	예	7.80

표 1. 슈퍼마켓에서 동물들의 식료품 거래를 보여주는 상상의 데이터 세트. 각 행은 거래를, 각 열은 거래에 대한 정보를 제공한다.

목적에 따라 각 행이 나타내는 관측의 타입을 변경할 수도 있다. 예를 들어, 표 1에서는 거래 번호에 따른 패턴을 알 수 있다. 그러나 날짜에 따른 거래 패턴을 알고 싶다면, 한 행에 날짜별 거래를 종합해 나타낼 수 있다. 좀 더 종합적인 분석을 위해 그 날의 날씨를 비롯한 새로운 변수를 추가할 수도 있다(표 2 참고).

날짜	수입	고객 수	날씨	주말
1월 1일	$21.50	3	맑음	예
1월 2일	$11.50	2	비	아니요
1월 3일	$19.80	3	맑음	아니요

표 2. 날짜별 거래 총계와 추가 변수 '날씨'를 보여주는 데이터 세트

변수 타입

주요 변수 타입에는 네 가지가 있다. 우리가 선택한 알고리즘에 적합한 타입을 고르려면 네 가지 타입을 구별할 수 있어야 한다.

- 이진binary: 가장 간단한 변수 타입으로 두 가지 경우만이 가능하다. 표 1에서는 이진 변수를 이용해 생선 구매 여부를 나타냈다.
- 범주형categorical: 두 가지 이상의 경우가 가능할 때 범주형 변수를 이용해 표현할 수 있다. 표 1에서는 고객의 종species을 나타내기 위해 범주형 변수를 이용했다.
- 정수integer: 숫자만으로 나타낼 수 있는 정보에 정수 타입을 사용한다. 표 1에서는 고객이 구매한 과일의 수를 정수로 표현했다.

- 연속형^{continuous} : 가장 상세한 변수로서 소수점을 포함한 수를 표현한다. 표 1에서는 연속형 변수를 이용해 고객별 구매액을 나타냈다.

변수 선택

건네받은 원본 데이터 세트가 너무 많은 변수를 포함한다고 가정해보자. 이처럼 너무 많은 변수를 알고리즘에 그대로 넘겨주면 계산이 오래 걸릴 뿐만 아니라 과도한 노이즈로 틀린 예측을 할 수도 있다. 따라서 중요한 변수를 간추려야 한다.

변수를 선택하는 과정에서는 결과에 따라 변수를 넣고 빼는 시행착오를 동반한다. 예를 들어, 간단한 도표를 이용해 변수 사이의 상관관계^{correlation}(6.5장 참고)를 확인함으로써 분석에 필요한 변수를 골라낼 수 있다.

피처 엔지니어링$^{feature\ engineering}$

때로는 최적의 변수를 만들어낼 필요가 있다. 표 1로부터 생선을 기피하는 고객을 예측한다면, '고객 종' 변수를 보고 토끼와 말, 기린이 생선을 구매하지 않는다는 사실을 알 수 있다. 그러나 고객의 종을 좀 더 넓은 범주인 초식동물과 잡식동물, 육식동물로 그룹핑했다면 '초식동물은 생선을 구매하지 않는다'라는 좀 더 일반적인 결론을 얻을 수 있다.

변수를 하나씩 기록하는 대신, 3장에서 배울 차원 축소$^{dimension\ reduction}$ 기술을 이용해 여러 변수를 하나로 합칠 수 있다. 차원 축소를 이용하면 가장 중요한 정보를 추출하고, 그 정보를 분석에 꼭 필요한 더 적은 수의 변수로 압축할 수 있다.

누락된 데이터

항상 완벽한 데이터를 수집할 순 없다. 표 1을 예로 들면 마지막 거래에서 구매한 과일의 수가 누락됐다. 누락된 데이터는 분석에 지장을 줄 수 있으므로 가능하면 아래의 방법 중 하나로 처리해야 한다.

- 근사하기. 누락된 값이 이진 타입이거나 범주형이라면 해당 변수의 최빈값(mode, 가장 일반적인 값)으로 대체할 수 있다. 정수나 연속형인 경우 중간값(median)을 이용할 수 있다. 이 방법을 표 1에 적용하면 다른 7개 거래에서 구매한 과일 개수의 중간값인 5를 고양이가 구매한 과일의 수로 추정할 수 있다.
- 계산하기. (다음 절에서 다룸) 지도학습에 속하는 좀 더 진보된 알고리즘을 이용해 누락된 값을 계산할 수도 있다. 이런 방법이 더 많은 시간을 필요로 할 수는 있지만, 알고리즘이 유사한 거래들을 바탕으로 값을 추측하므로 모든 거래를 고려해 근사하는 방식보다는 정교할 수 있다. 표 1에서 생선을 구매하는 고객은 과일을 적게 구입하므로 고양이도 과일을 두세 개 정도만 살 것이라고 추정할 수 있다.
- 제거하기. 마지막 방법으로 누락된 값이 있는 행을 제거할 수도 있다. 그러나 이런 방식은 분석에 사용할 데이터의 양을 감소시키므로 가능한 한 피해야 한다. 더 나아가 이처럼 데이터 포인트를 제거하면 선택된 샘플이 결과적으로 한쪽으로 치우치거나 반대로 기피하게 만들 수도 있다. 예를 들어, 고양이가 구매한 과

일의 수를 공개하길 꺼려하는 경우에 구매한 과일의 수가 누락된 고객의 정보를 제거하기로 한다면, 최종 선택된 샘플에서 고양이의 구매 성향을 고려할 수 없게 된다.

이처럼 데이터 세트를 처리했다면, 이제 데이터 세트를 분석해야 할 차례다.

1.2 알고리즘 선택

이 책에서는 데이터 분석에 사용되는 알고리즘 10가지를 살펴본다. 어떤 알고리즘을 선택할지는 하고자 하는 작업의 형태에 따라 달라지는데, 크게 세 가지로 분류할 수 있다. 표 3에서 다른 알고리즘의 목록과 알고리즘별 분류를 살펴볼 수 있다.

	알고리즘
비지도학습 (Unsupervised Learning)	k-평균 클러스터링(k-means Clustering) 주성분 분석(Principal Component Analysis) 연관 규칙(Association Rules) 소셜 네트워크 분석(Social Network Analysis)
지도학습 (Supervised Learning)	회귀 분석(Regression Analysis) k-최근접 이웃(k-Nearest Neighbors) 서포트 벡터 머신(Support Vector Machine) 의사결정 트리(Decision Tree) 랜덤 포레스트(Random Forests) 신경망(Neural Networks)
강화학습 (Reinforcement Learning)	멀티-암드 밴딧(Multi-Armed Bandits)

표 3. 알고리즘의 범주

비지도학습

목적: 내 데이터에 어떤 패턴이 존재하는지 알려줘.

데이터 세트에 숨겨진 패턴을 찾고자 할 때는 비지도학습 알고리즘을 사용해야 한다. 이런 종류의 알고리즘을 비지도학습이라 일컫는 이유는 찾아야 할 패턴이 무엇인지 모르는 상태에서 알고리즘이 그 패턴을 발견해야 하기 때문이다.

표 1에서 (4장에서 살펴볼 연관 규칙을 이용하면) 어떤 상품들이 주로 함께 팔리는지를 알 수 있고, (2장의 내용을 활용해) 구매 성향을 바탕으로 고객을 군집화할 수도 있다.

이와 같은 비지도 모델의 분석 결과를 간접적인 방법으로 검증할 수도 있다. 예를 들어, 고객의 군집이 비슷한 범주(예: 초식동물과 육식동물)에 속하는지를 확인할 수 있다.

지도학습

목적: 데이터에 존재하는 패턴을 바탕으로 예측해줘.

예측을 해야 할 때는 지도학습 알고리즘을 이용할 수 있다. 이런 종류의 알고리즘을 지도학습이라고 일컫는 이유는 이미 존재하는 패턴을 바탕으로 예측하기 때문이다.

표 1을 예로 들면 고객의 종과 생선 구매 여부(예측 변수 predictor variables)를 바탕으로 고객이 구매할 과일의 수를 예상(예측)할 수 있다.

이러한 지도학습 모델의 결과는 직접적으로 평가할 수 있다. 즉, 미래 고객의 종과 생선 구매 여부를 입력으로 제공한 후, 모델의 예측 결과가 실제 과일 구매량과 얼마나 비슷한지를 확인할 수 있다.

과일 구매량처럼 정수나 연속형값을 예측하고자 할 때, 회귀 문제(그림 1a)를 푸는 것으로 생각할 수 있다. 반면, 비가 내릴지 여부를 비롯한 이진값이나 범주형값을 예측할 때는 분류classification 문제(그림 1b)를 해결하는 것으로 생각할 수 있다. 하지만 대부분의 분류 알고리즘이 연속형 확률값, 예를 들어, '비올 확률 75%'처럼 높은 정밀도로 예측할 수 있다.

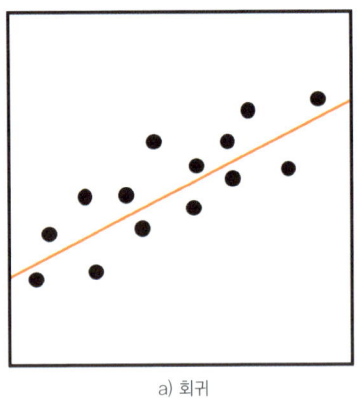 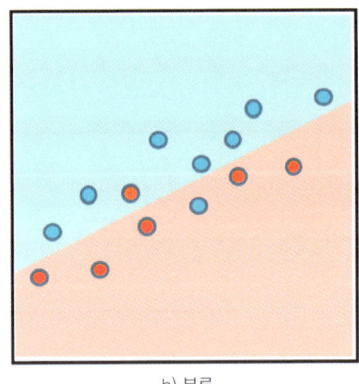

a) 회귀   b) 분류

그림 1. 회귀가 추세선(trend line)을 유추하는 일이라면, 분류는 데이터 포인트를 각 범주로 분류하는 일이다. 양쪽 모두에서 오차가 발생할 수 있음을 알아두자. 회귀에서는 데이터 포인트가 추세선으로부터 멀리 떨어질 수 있고, 분류에서는 데이터 포인트가 틀린 범주에 포함될 수 있다.

강화학습

목적: 데이터에 존재하는 패턴을 바탕으로 예측을 내려줘. 그리고 더 많은 결과를 얻음에 따라 정확도를 개선해야 해.

모델을 한 번 학습시키고 배포된 후, 강화학습 모델은 모델에 변경이 생기지 않는 비지도학습이나 지도학습과 달리, 결과에 대한 피드백을 바탕으로 지속적인 개선을 추구한다.

이제 표 1 대신 실생활에 가까운 예를 들어보자. 두 온라인 광고의 효과를 비교한다고 가정해보자. 처음에는 두 광고를 같은 빈도로 노출시키고, 각 광고를 클릭한 사람의 수를 측정한다. 강화학습 모델은 이러한 클릭 횟수를 광고의 인기를 나타내는 피드백으로 받아들이고, 이를 바탕으로 인기 있는 광고가 더 자주 노출되도록 한다. 이런 과정을 반복하면서 결국 더 나은 광고만 노출시키도록 모델을 학습한다.

이 밖에 고려해야 할 점

알고리즘이 주로 수행하는 작업뿐만 아니라 다른 관점에서도 차이점을 엿볼 수 있다. 예를 들어, 분석할 수 있는 데이터 타입과 생성해내는 결과의 성질도 다르다. 이런 내용은 각 알고리즘을 다루는 이후의 장에서 살펴볼 것이며, 부록 A(비지도학습)와 부록 B(지도학습)의 표에서 요약된 내용을 볼 수 있다.

1.3 파라미터 튜닝

데이터 과학에서 사용하는 여러 가지 알고리즘을 수많은 모델로 구현할 수 있지만, 한 가지 알고리즘조차도 파라미터를 어떻게 튜닝하느냐에 따라 다른 결과를 낼 수 있다.

주파수 채널을 맞추기 위해 라디오를 튜닝하듯 알고리즘의 설정을 바꾸기 위한 옵션을 파라미터라고 한다. 알고리즘에 따라 튜닝할 수 있는 파라미터가 다르며, 이 책에서 설명할 알고리즘을 튜닝할 수 있는 파라미터는 부록 C에서 볼 수 있다.

두말할 필요 없이 파라미터를 적당히 튜닝하지 않으면 모델의 정확도가 떨어진다. 그림 2에서 동일한 분류 알고리즘이 주황색 점과 파란색 점을 구분하기 위해 만들어낸 서로 다른 여러 가지 경계선을 볼 수 있다.

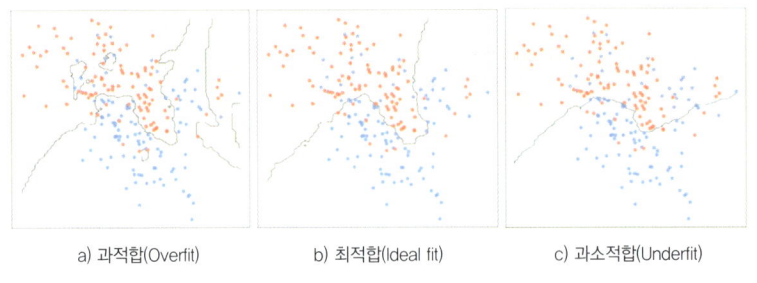

a) 과적합(Overfit)　　　b) 최적합(Ideal fit)　　　c) 과소적합(Underfit)

그림 2. 서로 다른 파라미터로 최적화한 동일한 알고리즘의 예측 결과 비교

그림 2a의 모델은 과도한 민감성을 띄는데, 데이터에서 발생하는 무작위한 변동을 영구적인 패턴으로 잘못 인식하고 있다. 이런 문제를 일컬어 과적합이라 한다. 과적합된 모델은 현재 데이터에서는 높은 정확도를 보이지만, 미래의 데이터에 대한 일반화 능력이 떨어진다.

반면, 그림 2c의 모델은 민감도가 너무 떨어지며, 숨겨진 패턴을 발견하지 못하고 있다. 이런 문제를 일컬어 과소적합이라 한다. 과소적합된 모델은 중요한 추세를 놓치게 되고, 이로 인해 현재 데이터와 미래 데이터 모두에서 예측 정확도가 떨어진다.

한편 그림 2b에서 보듯이 파라미터를 제대로 튜닝하면 주요한 추세를 인식하는 일과 중요하지 않은 변동을 무시하는 일 사이에서 균형을 이루게 된다. 즉, 예측을 내리는 데 적합한 모델을 결과로 얻을 수 있다.

대부분의 연구에서 과적합은 항상 골칫거리다. 예측 오류를 최소화하기 위해 예측 모델의 복잡도를 늘리면 그림 2a처럼 예측의 경계선이 불필요하게 복잡해지는 문제를 초래할 수 있다.

모델의 복잡도를 적절하게 유지하는 방법 중의 하나로 정칙화regularization 단계에서 패널티penalty 파라미터를 사용한다. 이 새로운 파라미터는 모델의 복잡도가 증가할 때 예측 오류를 인공적으로 키움으로써 복잡도 증가에 대한 불이익을 준다. 따라서 모델이 원래 파라미터를 최적화함에 있어 정확도와 복잡도를 모두 고려해야 한다. 결국 모델을 간단하게 유지하면 일반화 능력을 유지할 수 있게 된다.

1.4 결과 평가하기

모델을 만든 후에는 반드시 평가해야 한다. 평가 지표를 활용해 예측 정확도 측면에서 모델을 비교할 수 있는데, 평가 지표마다 여러 종류의 예측 오류를 정의하는 방법과 오류에 대한 불이익을 주는 방법이 다르다.

다음은 자주 쓰는 세 가지 평가 지표다. 연구의 목적에 따라 특정한 종류의 오류에 불이익을 줘 오류를 회피하도록 새로운 지표를 설계할 수 있다. 이 책에서 다루는 평가 지표가 전부는 아니며, 더 많은 예는 부록 D에서 살펴볼 수 있다.

분류 지표

정답 예측 비율. 예측 정확도를 정의하는 가장 간단한 방법은 알려진 정답과 일치하는 예측의 비율이다. 식료품 거래를 보여주는 표 1을 예로 들면, 생선 구매 여부를 예측하는 작업의 결과를 다음과 같이 표현할 수 있다. 고객의 생선 구매 여부를 예측하는 모델의 결과가 90% 정확하다. 이러한 지표는 이해하긴 쉽지만, 예측 오류가 실제로 어디서 일어나는지는 알려주지 못한다.

혼동 행렬 Confusion Matrix. 혼동 행렬 모델은 예측 모델이 어디서 성공하고 실패했는지에 대한 더 나은 통찰을 제공한다.

		예측	
		살 것이다	사지 않을 것이다
진짓	샀다	1(TP)	5(FN)
	사지 않았다	5(FP)	89(TN)

표 4. 혼동 행렬에서 생선 구매 여부를 예측하는 작업의 정확도를 알 수 있다.

표 4를 보면 모델의 전체적인 분류 정확도는 90%이지만 실제 구매보다 구매하지 않은 경우를 훨씬 잘 예측하고 있다. 그리고 예측 오류 중에 거짓 양성 false positive, FP과 거짓 음성 false negative의 수가 각각 5개로 동일함을 알 수 있다.

경우에 따라서는 예측 오류의 종류를 구별하는 것이 중요하다. 지진을 예측할 때 거짓 음성(지진이 없을 것이라 예측했는데, 지진이 발생한 경우)이 거짓 양성(지진을 예측했지만 발생하지 않은 경우)보다 훨씬 심각한 문제를 초래한다.

회귀 지표

평균 제곱근 편차^{Root Mean Squared Error, RMSE}. 회귀 예측에서는 연속형값을 사용하므로 일반적으로 오차를 예측값과 실제값의 차이로 정의하며, 오차의 정도에 따라 불이익을 달리 한다. 평균 제곱근 편차는 널리 쓰는 회귀 지표로, 특히 큰 오차를 피하고자 할 때 유용하다. 각 오차를 제곱하므로 큰 오차를 증폭하기 때문이다. 이런 이유로 RMSE는 이상치^{outlier}에 극도로 민감하며, 이상치에 매우 큰 불이익을 준다.

검증

평가 지표만으로는 모델의 성능을 완벽히 파악할 수 없다. 과적합(1.3 참고) 때문에 현재 데이터에서 좋은 지표를 보여준 모델이 새로운 데이터에서는 그렇지 않을 수 있다. 이를 방지하려면 항상 적합한 검증 절차를 거쳐 모델을 평가해야 한다.

검증이란, 모델이 새로운 데이터를 얼마나 잘 예측하는지를 시험하는 것을 말한다. 그러나 새로운 데이터가 모델을 평가할 때까지 기다리는 대신, 현재 데이터 세트를 두 부분으로 나눌 수 있다. 첫 부분은 예측 모델을 생성하고 튜닝해주는 학습 데이터 세트^{training dataset}로 사용하고, 두 번째 부분은 새로운 데이터를 대신해 모델의 예측 정확도를 시험하는 테스트 데이터 세트^{test dataset}로 사용한다. 테스트 데이터 세트에서 가장 정확한 예측을 하는 모델이 가장 좋은 모델이라고 할 수 있다. 이러한 검증 과정을 효과적으로 수행하려면 데이터 포인트를 학습 데이터 세트와 테스트 데이터로 나눌 때 무작위하고 치우침 없이 나눠야 한다.

하지만 원래 데이터 세트가 작은 경우, 학습 데이터의 양을 줄이면 모델의 정확도가 떨어지므로 테스트 데이터 세트를 따로 마련할 여유가 없다. 이럴 때는 학습과 테스트 데이터 세트를 분리하는 대신 교차검증cross-validation을 이용해 한 데이터 세트를 두 가지 목적에 사용할 수도 있다.

교차검증은 데이터 세트를 여러 세그먼트segment로 나누어 반복적으로 테스트에 사용함으로써 데이터의 가용성을 높인다. 하나의 반복iteration에서 특정 세그먼트를 제외한 모든 세그먼트로 예측 모델을 학습한 후, 제외했던 세그먼트로 모델을 테스트한다. 이런 과정을 모든 세그먼트가 테스트 세그먼트로 한 번씩 사용될 때까지 반복한다(그림 3 참고).

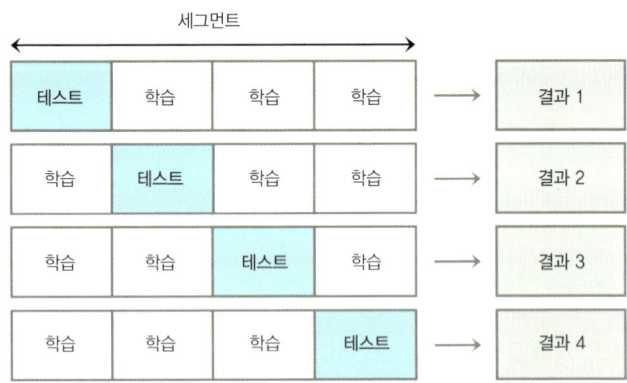

그림 3. 데이터 세트의 교차검증. 데이터 세트를 네 가지 세그먼트로 나눴고, 최종 예측 정확도는 네 결과의 평균임.

이터레이션마다 예측을 위해 다른 세그먼트를 사용하므로 예측 결과가 달라진다. 이러한 변동을 고려하면 모델의 실제 예측 능력을 좀 더 안정적으로 평가할 수 있다. 모델의 최종 정확도 평가는 모든 이터레이션 정확도의 평균으로 평가한다.

교차검증 결과 모델의 예측 정확도가 낮다면, 앞 단계로 돌아가 파라미터를 다시 튜닝하거나 데이터를 다시 처리할 수 있다.

1.5 요약

데이터 과학 연구에는 다음과 같은 네 가지 중요한 단계가 있다.

1. 데이터 준비
2. 데이터를 모델링하기 위한 알고리즘 선택
3. 모델을 최적화하기 위해 알고리즘을 튜닝
4. 모델의 정확도 평가

02
k-평균 클러스터링

2.1 고객 군집 찾기

영화 취향에 대해 이야기해보자. '첫 키스만 50번째'라는 영화를 좋아하는 사람은 '27번의 결혼 리허설' 같이 여성스러운 영화를 좋아할 가능성이 크다. 군집화란 바로 이런 것이다. 공통적인 취향이나 성질을 규명함으로써 고객을 그룹화할 수 있고, 이를 바탕으로 판매자는 타깃팅된 광고를 할 수 있다.

그러나 고객 그룹을 찾는 일은 쉽지 않다. 처음에는 고객을 어떻게 그룹화할지, 얼마나 많은 그룹이 있는지도 알 수 없다.

이러한 물음에 답을 줄 수 있는 기술이 바로 k-평균 클러스터링이다. 이 방법을 바탕으로 고객이나 상품을 군집으로 묶을 수 있다. 여기서 k는 찾아낸 그룹의 개수를 말한다.

2.2 예제: 영화 팬들의 성향 프로필

k-평균 클러스터링을 이용해서 고객 군집을 찾으려면 정량화할 수 있는 정보가 필요하다. 일반적인 변수 중 하나가 수입인데, 수입이 많은 사람이 수입이 적은 사람보다 유명 브랜드를 선호하기 때문이다. 상점에서는 이런 정보를 이용해 고소득자에게 고가의 상품에 대한 직접적인 광고를 할 수 있다.

성격 특성도 고객을 그룹화하는 좋은 방법이다. 페이스북 사용자를 대상으로 한 설문조사를 예로 들 수 있는데, 사용자에게 성격 특성을 나타내는 다음과 같은 네 가지 테스트를 요구한다. 외향성(사회적 관계를 얼마나 즐기는지), 근면성(얼마나 열심히 일하는지), 감성(얼마나 자주 스트레스를 받는지), 개방성(새로운 것을 얼마나 잘 수용하는지).

조사 결과 이러한 성격 특성 사이에는 양의 상관관계^{positive associations}가 있었다. 매우 근면한 사람들은 외향적인 경우가 많고, 매우 감성적인 사람은 개방성이 높은 경향이 있다. 따라서 이러한 성격 특성을 더 잘 시각화하기 위해 각각을 묶는다. 근면성과 외향성을 묶고 감성과 개방성을 묶은 후 두 점수를 합해 2차원 차트로 그렸다.

이렇게 합쳐진 각 사용자의 성격 점수에 해당 사용자가 페이스북에서 '좋아요'한 영화를 매칭한다. 즉, 영화팬을 각자의 성격에 따라 그룹화하는 것이다(그림 1 참고).

그림 1에서 주요 군집 2개를 볼 수 있다.

- 붉은색: 액션과 로맨스 장르를 좋아하는 근면하고 외향적인 사람
- 푸른색: 아방가르드와 판타지 장르를 좋아하는 감성적이고 개방적인 사람

그리고 두 군집 사이에 평범한 사람들이 좋아할 만한 영화가 가운데 놓여 있다.

이런 정보를 이용하면 타깃팅된 광고를 설계할 수 있다. '첫 키스만 50번째'를 좋아하는 사람에게는 같은 군집에 속하는 영화를 추천하거나 비슷한 상품을 묶어 효과적인 할인을 제공할 수 있다.

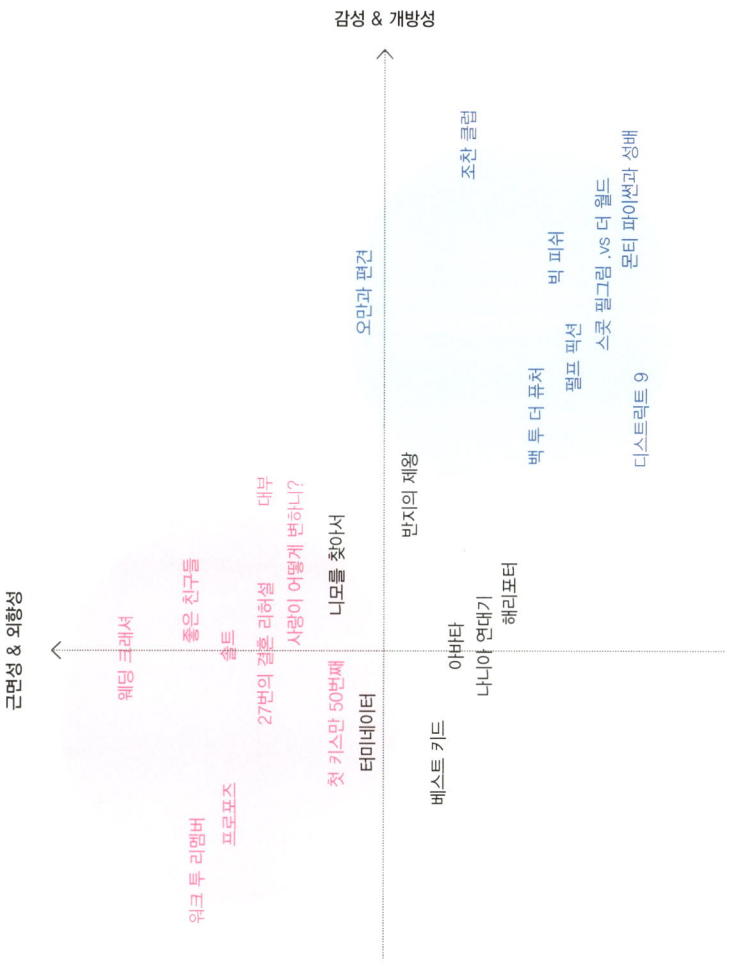

그림 1. 영화 팬들의 성격 프로필

2.3 군집 정의하기

군집을 정의할 때는 다음과 같은 두 가지 질문에 답해야 한다.

- 얼마나 많은 군집이 존재하는가?
- 각 군집의 포함 관계^{membership}는 어떤가?

얼마나 많은 군집이 존재하는가?

이에 대한 답은 주관적이다. [그림 1]은 2개의 군집을 표현하고 있지만, 더 작은 군집으로 나눌 수 있다. 예를 들어, 푸른색 군집은 ('오만과 편견', '조찬 클럽'을 포함하는) 드라마 장르와 (몬티 파이썬과 성배', '스콧 필그림 vs 더 월드'를 포함하는) 판타지 장르라는 하위 군집으로 나눌 수 있다.

군집의 개수가 많아질수록 한 군집에 속하는 멤버 간의 유사성이 커지지만, 인접한 군집 사이의 차이점은 작아진다. 극단적으로 말해 각 데이터 포인트 자체를 군집으로 본다면 유용한 정보를 전혀 얻을 수 없게 된다.

따라서 적절한 균형이 필요하다. 사업적인 의사결정에 도움을 주는 패턴을 얻을 정도로 군집의 수가 충분히 많아야 하는 반면, 군집 간의 명확한 구분이 가능할 정도로 군집의 개수가 충분히 적어야 한다.

적당한 군집 개수를 결정하는 방법 중의 하나가 바로 스크리 도표^{scree plot}다(그림 2 참고).

스크리 도표는 군집의 개수가 증가함에 따라 군집 내 산포^{within-cluster scatter}가 줄어드는 모습을 보여준다. 모든 멤버가 한 군집에 속하는 경우, 군집 내 산포는 최대가 된다. 군집 개수를 늘릴수록 군집의 크기는 작아지고 군집 내 멤버 간의 동질성은 커진다.

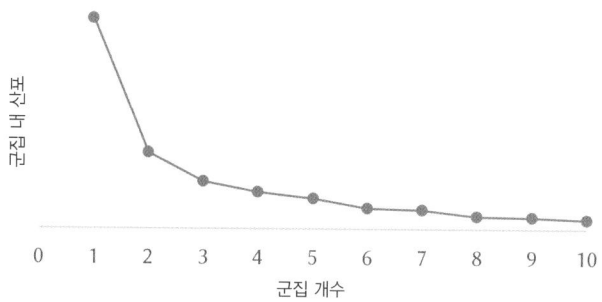

그림 2. 스크리 도표에서 두세 개의 군집이 존재함을 나타내는 킨크(kinks)를 볼 수 있다.

킨크는 스크리 도표에서 급격히 구부러진 부분을 일컫는 말로, 최적의 군집 개수를 알려준다. 즉, 군집 내 산포가 적당한 수준으로 떨어지는 지점을 말한다. 그림 2에서는 그림 1에 대응하는 두 군집을 나타내는 부분에서 킨크를 볼 수 있다. 또 다른 킨크는 군집의 수가 3개인 지점에서 볼 수 있는데, 이는 평범한 사람들을 대변하는 군집이 있음을 내포한다. 군집의 개수가 그 이상으로 많아지면 작은 군집이 생겨나면서 각 군집을 구별하기가 어려워진다.

군집의 개수를 적절히 정했다면 각 군집의 포함 관계를 정할 수 있다.

군집의 포함 관계는 어떤가?

군집의 포함 관계는 반복적인 과정을 통해 이뤄지며, 그림 3에서 2개의 군집을 예로 들어 정리했다.

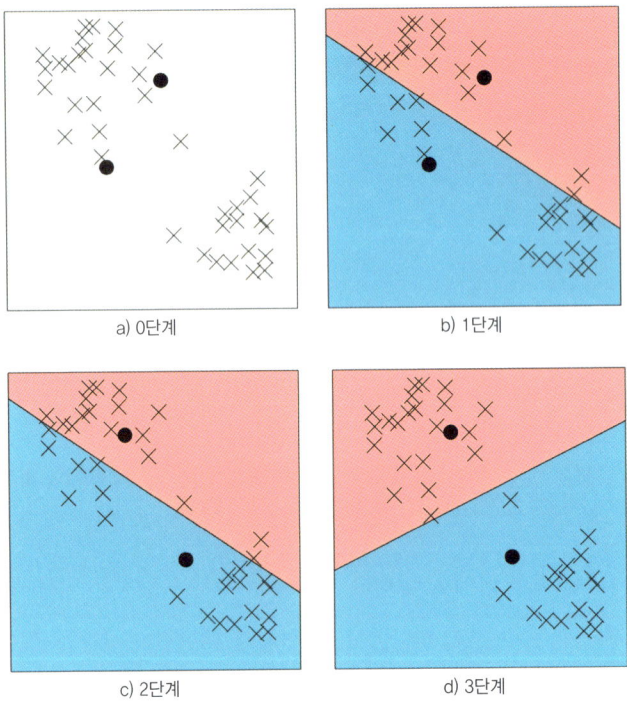

그림 3. k-평균 클러스터링의 반복 과정

좋은 군집이라면 밀접하게 모여 있는 데이터 포인트로 구성돼야 하므로 유효성을 각 군집의 멤버들이 군집의 중앙으로부터 얼마나 멀리 떨어져 있는지로 검증할 수 있다. 그러나 처음에는 군집의 가운데 위치를 모르므로 가운데 위치를 근사한다. 그 후에 각 데이터 포인트를 중앙 지점이 가장 가까운 군집에 포함시킨다. 그런 다음 각 군집의 중심점을 멤버들의 중심점으로 이동시킨다. 그리고 군집과 각 데이터 포인트의 포함 관계를 거리에 따라 재배치한다. 즉, 어떤 데이터 포인트가 현재 속한 군집의 중심점보다 다른 군집의 중심점에 더 가깝다면 포함 관계를 재조정한다.

다음의 단계들은 군집의 포함 관계를 정하는 과정을 요약해 보여주며, 군집의 수에 상관없이 적용할 수 있다.

- 0단계: 각 군집의 중심점을 추정한다. 아직은 선택한 위치가 군집의 실제 중심점인지 알 수 없으므로 추정된 중심점을 의사 중심점pseudo-centers이라 한다.
- 1단계: 각 데이터 포인트를 가장 가까운 의사 중심점으로 배정한다. 이렇게 하면 붉은색과 푸른색의 두 군집이 형성된다.
- 2단계: 의사 중심점을 각 군집 내 멤버의 중심점으로 이동시킨다.
- 3단계: 군집 포함 관계에 변화가 없을 때까지 멤버 재할당(1단계)과 클러스터 중심점 위치 조정(2단계)을 반복한다.

지금까지 2차원에서의 분석을 다뤘지만, 군집화는 3차원 이상에서도 가능하다. 판매자에게는 고객의 나이나 방문 빈도 등이 추가 차원이 될 수 있다. 차원이 높을수록 시각화하기 어렵지만, 컴퓨터 프로그램을 이용해 다차원 공간에서 데이터 포인트와 군집 중심점 사이의 거리를 계산할 수 있다.

2.4 제약

k-평균 클러스터링이 유용하긴 하지만, 아무런 제약이 없는 것은 아니다.

각 데이터 포인트가 오직 한 군집에만 속해야 한다. 때로는 한 데이터 포인트가 두 군집의 가운데 위치해 각 군집에 속할 확률이 동일할 수 있다.

군집이 구 형태라고 가정한다. 군집의 중심점에 가까운 데이터 포인트를 찾는 반복적인 과정은 군집의 반지름을 줄여나가는 과정과 유사하다. 따라서 그 결과로 생성되는 군집은 작은 구의 형태다. 예를 들어, 실제 군집의 형태가 타원이라면 그로 인해 문제가 생긴다. 길쭉한 모양의 군집은 잘려나가고, 멤버들은 근접한 다른 군집에 흡수된다.

군집이 이산^{discrete}적이라고 가정한다. k-평균 클러스터링에서는 군집이 겹치거나 중첩되는 경우를 허용하지 않는다.

각 데이터 포인트를 단 하나의 군집에 포함시키는 대신, 각 데이터 포인트가 군집에 속할 확률을 구하는 견고한 기법도 존재한다. 이렇게 하면 구형이 아니거나 겹치는 군집을 규명할 수 있다.

이러한 제약에도 불구하고, k-평균 클러스터링의 장점은 우아한 단순성에 있다. 더 진보된 기술들로 그러한 제약을 해결하려고 시도하기 전에 k-평균 클러스터링으로 데이터의 기본적인 구조부터 파악하는 것도 좋은 전략일 수 있다.

2.5 요약

- k-평균 클러스터링은 유사한 데이터 포인트를 그룹화하는 기법이다. 군집의 개수 k는 사전에 정해야 한다.
- 데이터 포인트를 군집화하기 위해 우선 각 포인트를 가장 가까운 군집에 배정한 후, 군집의 중심점을 갱신한다. 군집의 포함 관계에 변화가 없을 때까지 두 단계를 반복한다.
- k-평균 클러스터링은 구 형태의 겹치지 않는 군집에 적합하다.

03

주성분 분석

3.1 식품의 영양 성분 파악

여러분이 영양사라고 가정해보자. 식품을 구별하는 가장 좋은 방법은 무엇일까? 비타민 함량? 단백질 함량? 아니면 둘 다?

그림 1. 간단한 식품 피라미드

각 항목을 가장 잘 구별해주는 변수를 찾는 일에는 여러 가지 활용처가 있다.

- 시각화. 적절한 변수를 이용해 도표를 그리면 더 많은 통찰을 얻을 수 있다.
- 군집 발견. 시각화를 잘하면 숨겨졌던 범주나 군집을 찾을 수 있다. 식품을 예로 들면 육류나 채소 같은 넓은 범주는 물론 채소의 종류 같은 하위 범주를 찾을 수 있다.

그렇다면 항목을 가장 잘 구별해주는 변수를 어떻게 찾아야할까?

3.2 주성분

주성분 분석Principal Component Analysis, PCA이란, 데이터 포인트를 가장 잘 구별해주는 숨겨진 변수(주성분)를 찾는 기법이다. 주성분은 데이터 포인트가 가장 넓게 분포하는 차원을 말한다(그림 2 참고).

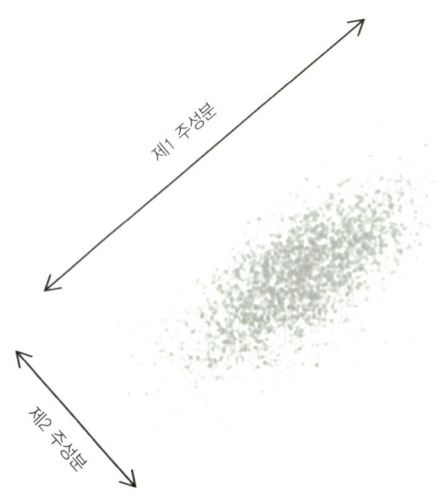

그림 2. 주성분의 시각적 표현

주성분은 이미 존재하는 하나 이상의 변수로 표현할 수 있다. 예를 들어, 식품을 구별하기 위해 비타민 C라는 변수 하나를 사용할 수 있다. 비타민 C는 채소에는 함유돼 있지만 육류에는 들어 있지 않으므로 도표(그림 3의 가장 왼쪽 열)에서 채소와 육류를 확실히 구별할 수 있다. 그러나 반대로 육류끼리 뭉쳐 있는 모습을 볼 수 있다.

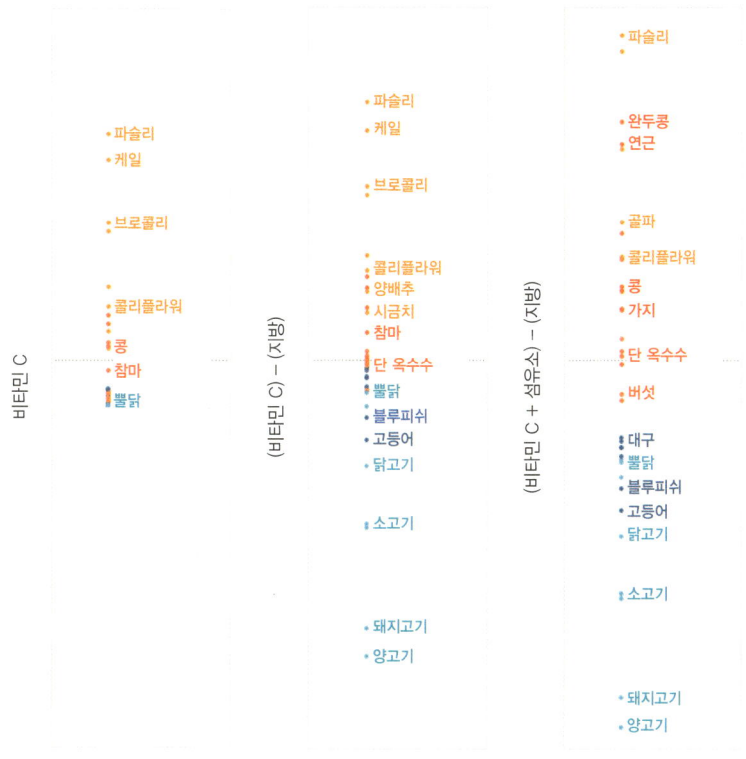

그림 3. 서로 다른 변수의 조합으로 정렬된 변수

지방은 고기에는 들어가 있지만 채소에는 없으므로 육류를 넓게 분포시키려면 지방을 두 번째 변수로 사용할 수 있다. 그러나 지방과 비타

민 C는 측정 단위가 다르므로 그 둘을 통합하기 전에 표준화^{standardization}해야 한다.

표준화는 각 변수를 백분율로 나타내는 것과 비슷한데, 각 변수를 동일한 표준 범위로 환산한다. 따라서 이를 바탕으로 다음과 같은 새로운 변수를 계산할 수 있다.

    비타민 C − 지방

비타민 C가 채소의 분포를 위쪽으로 끌어올리듯이, 고기를 아래쪽으로 분포시키기 위해 지방을 뺀다. 이처럼 두 변수를 종합하면 채소와 육류를 모두 넓게 분포시킬 수 있다(그림 3의 가운데 열).

여기에 채소마다 함유량이 다른 섬유소를 더하면 더 향상된 결과를 얻을 수 있다.

    (비타민 C + 섬유소) − 지방

이 새로운 변수를 이용해 분포가 넓은 최선의 데이터를 얻을 수 있다(그림 3의 가장 오른쪽 열).

위의 예제에서는 시행착오를 거쳐 주성분을 도출했지만, PCA를 이용하면 이를 체계적으로 수행할 수 있다. 다음 예에서 그 작동 방식을 알아보자.

3.3 예제: 식품 그룹 분석

미국 농림부에서 공개한 데이터를 바탕으로 무작위로 선택한 식품에서 4개의 변수 지방과 단백질, 섬유소, 비타민 C를 기준으로 영양소를 분석했다. 그림 4에서 보듯이 일부 영양소는 함께 존재하는 경향이 있다.

특히 단백질과 지방 함유량은 같은 방향으로 움직이고 있으며, 섬유소와 비타민 C와는 반대 방향으로 움직인다. 가설을 확인하려면 영양소 간의 상관도를 분석할 수 있다(6.5장 참고). 그 결과 지방과 단백질 사이에 명확한 양의 상관관계가 있었고(r = 0.56), 섬유소와 비타민 C도 마찬가지다(r = 0.57).

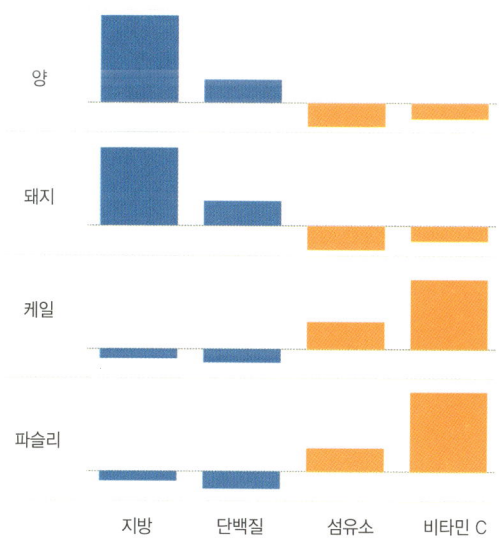

그림 4. 서로 다른 식품 간의 영양소 비교

따라서 네 가지 영양소 변수를 따로 분석하는 대신 상관도가 높은 변수를 통합해 2개 차원만 사용할 수 있다. 이런 이유로 PCA를 차원 축소 dimension reduction 기법이라 한다.

식품 데이터 세트에 PCA를 적용하면 그림 5와 같은 주성분을 얻을 수 있다.

	PC1	PC2	PC3	PC4
지방	-0.45	0.66	0.58	0.18
단백질	-0.55	0.21	-0.46	-0.67
섬유소	0.55	0.19	0.43	-0.69
비타민 C	0.44	0.70	-0.52	0.22

그림 5. 영양소 변수별 최적의 가중값으로 나타낸 주성분. 한 주성분에 속하는 변수 중 분홍색으로 칠해진 칸은 같은 방향으로 가중값이 부여된 변수를 뜻한다.

각 주성분은 영양소 변수들의 가중값 조합이라고 할 수 있다. 여기서 가중값은 양수나 음수, 0에 가까운 수가 될 수 있다. 예를 들어, 특정 식품의 제1 주성분(PC1)값을 얻으려면 다음 식을 풀면 된다.

.55(섬유소) + .44(비타민C) − .45(지방) − .55(단백질)

앞에서 시행착오를 거쳐 수행한 방법과 달리, PCA를 이용하면 항목을 가장 잘 구분하기 위해 조합해야 할 변수별 가중값을 정확히 계산할 수 있다.

제1 주성분(PC1)이 지금까지 우리가 발견한 사실들을 요약해준다는 점에 주목하자. 즉, 지방과 단백질은 연관돼 있고, 섬유소와 비타민 C도 그렇다. 반면, 두 그룹은 서로 반대의 관계가 있다.

PC1이 육류와 채소를 구별하는 반면, 제2 주성분(PC2)은 (지방과 비타민 C를 바탕으로) 육류와 채소의 하위 범주를 잘 나타내고 있다. 식품을 도표에 그릴 때 PC1과 PC2를 사용하면 (그림 6과 같은) 최상의 데이터 분포를 알 수 있다.

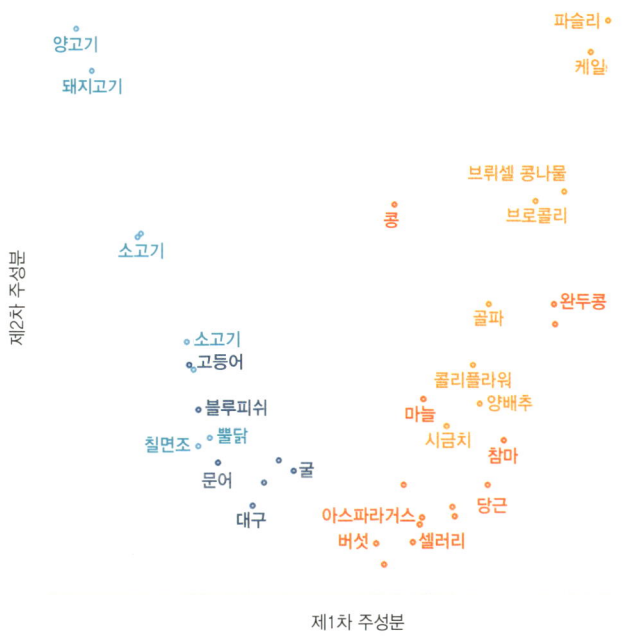

그림 6. 최상위 주성분 2개를 이용한 식품의 도표

(푸른색으로 표시된) 육류는 PC1 값이 낮으므로 도표의 왼쪽에 몰려 있고, 반대쪽에는 (주황색으로 표시한) 채소가 몰려 있다. 육류 중에서는 (진한 푸른색으로 표시된) 해산물의 지방이 낮으므로 PC2 값이 작아서 도표의 왼쪽 아래에 몰려 있다는 것도 알 수 있다. 마찬가지로 (진한 주황색으로 표시된) 잎이 없는 채소는 비타민 C 함량이 낮으므로 PC2 값이 작아서 도표의 오른쪽 아래에 몰려 있다는 것도 알 수 있다.

성분의 개수 선택하기. 위의 예에서는 데이터 세트에 포함된 변수의 수와 동일한 4개의 주성분을 생성했다. 주성분은 존재하는 변수에서 파생되므로 데이터 포인트를 나누는 데 사용할 수 있는 정보도 원래 변수의 개수로 제한된다.

그러나 단순하고 일반화 가능한 결과를 유지하려면 시각화와 이후의 분석 과정에서 사용할 상위 주성분 몇 개만 골라야 한다. 주성분은 데이터 포인트를 구분하는 효과에 따라 정렬되므로 제1 주성분이 가장 데이터를 효과적으로 구별한다. 선택할 주성분의 개수는 앞 장에서 살펴본 스크리 도표로 정할 수 있다.

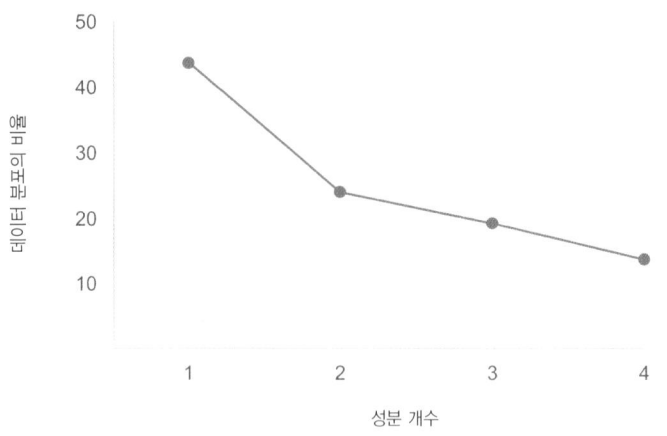

그림 7. 스크리 도표의 킨크로부터 최적의 주성분 개수가 2임을 알 수 있다.

스크리 도표에서 뒤쪽의 주성분들로 인해 데이터 포인트를 구별하는 효과가 낮아짐을 알 수 있다(그림 7). 가장 좋은 방법은 스크리 도표에서 날카로운 꼭지에 해당하는 킨크가 가리키는 주성분의 개수를 선택하는 것이다.

그림 7에서는 두 번째 성분에 킨크가 위치한다. 이는 3개 혹은 4개의 주성분을 사용하면 데이터 포인트를 좀 더 잘 구별할 수도 있지만, 이

로 인해 얻어지는 정보가 결과의 복잡성을 상쇄할 만큼 크지 않다는 말이다. 스크리 도표에서 알 수 있듯이 상위 주성분 2개만으로도 데이터 분포의 70%를 포함한다. 즉, 현재 데이터 샘플을 설명하기 위해 사용하는 주성분의 개수가 적을수록 해당 주성분이 미래의 샘플을 일반화하기 쉽다.

3.4 제약

PCA는 많은 변수를 포함하는 데이터 세트를 분석할 때 유용한 기법이지만 다음과 같은 단점이 있다.

분포 최대화. PCA는 데이터 포인트의 분포가 가장 넓은 차원이 가장 유용하다는 가정을 전제로 한다. 그러나 그렇지 않을 수도 있다. 유명한 예 중의 하나가 바로 쌓여 있는 팬케이크 개수 세기다.

그림 8. 팬케이크 개수 세기

팬케이크 개수를 세려면 세로축(쌓여 있는 높이)을 따라 각 팬케이크를 구별해야 한다. 그러나 쌓여 있는 높이가 낮다면 PCA는 분포가 가장 큰 차원인 가로축(팬케이크의 지름)을 최적의 주성분으로 잘못 선택할 수 있다.

성분 해석. PCA의 난제 중 하나는 생성된 성분에 대한 해석을 유추에 기대야 한다는 것이다. 그리고 때로는 성분을 특정한 방식으로 통합한 이유를 설명하기가 어렵다.

해당 분야에 대한 사전 지식이 도움이 될 수는 있다. 식품 예제에서, 주요 식품 범주에 대한 지식을 바탕으로 주성분을 형성하기 위해 영양소 변수를 그렇게 통합한 이유를 이해할 수 있다.

직교 성분. PCA는 항상 직교 주성분을 생성한다. 즉, 각 성분이 서로에 대해 90도의 각을 이룬다. 그러나 유용한 정보를 담은 성분이 직교하지 않을 수 있으므로 이러한 가정은 제한적일 수 있다. 이런 문제를 해결하기 위해 독립 성분 분석Independent Component Analysis, ICA이라는 기법을 이용할 수 있다.

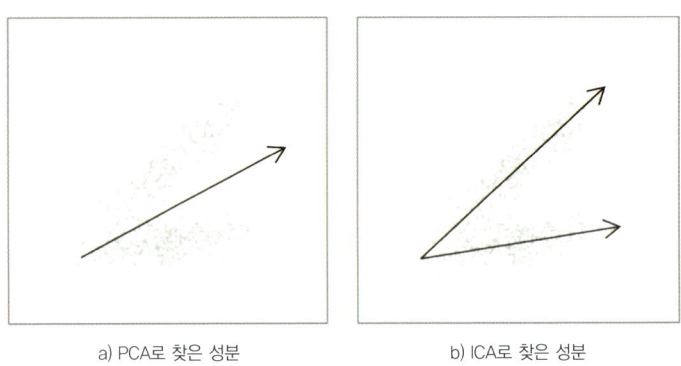

a) PCA로 찾은 성분   b) ICA로 찾은 성분

그림 9. PCA와 ICA가 주요 성분을 찾아내는 방식 비교

ICA는 직교하지 않는 성분을 허용하지만, 각 성분이 포함하는 정보가 중복되지 않도록 해야 한다(그림 9 참고). 결국 각 독립 성분이 데이터 세트에 존재하는 독특한 정보를 내포하게 된다. 더불어 ICA는 성분을 결정할 때 데이터의 분포 그 이상을 고려하므로 팬케이크 오류에 덜 취약하다.

ICA가 좀 더 뛰어나 보이지만, PCA는 여전히 중요한 차원 축소 기법이며, PCA의 작동 방식을 알아두면 도움이 될 것이다. 의심스러운 경우에는 ICA를 이용해 PCA의 결과를 검증하고 보완하자.

3.5 요약

- 주성분 분석^{PCA}을 이용하면 주성분이라고 부르는 적은 수의 변수로 데이터 세트를 표현할 수 있으므로 PCA를 차원 축소 기법이라 한다.
- 각 주성분은 이미 존재하는 변수들의 가중값 합이다. 상위 주성분을 이용하면 분석과 시각화를 개선할 수 있다.
- 가장 많은 정보를 포함한 차원을 따라 데이터가 넓게 분포하고, 각 차원이 서로 직교인 경우, PCA가 유용하다.

04

연관 규칙

4.1 구매 패턴 발견하기

여러분이 식료품점에 갈 때 필요와 기호에 따라 사야할 것들의 목록을 작성할 것이다. 주부라면 가족의 저녁식사를 위해 건강에 좋은 재료를 살 것이고, 대학생이라면 맥주와 감자칩을 살 것이다. 이러한 구매 패턴을 이용하면 판매 증진에 여러 가지로 도움이 될 것이다. 예를 들어, 두 품목 X와 Y가 자주 함께 구매된다고 가정해보자.

- Y를 구매하는 사람을 X의 광고 대상으로 타깃팅할 수 있다.
- 한 품목을 사는 사람이 다른 품목도 구매하도록 유도하기 위해 X와 Y를 같은 진열장에 전시한다.
- X와 Y를 통합해 새로운 상품을 만든다. 예를 들어, X에 Y의 취향을 첨가한다.

이처럼 품목들이 서로 어떻게 연관되는지를 알고자 할 때 연관 규칙을 사용할 수 있다. 연관 규칙은 판매 증대뿐만 아니라 다른 여러 분야에서도 유용하다. 예를 들어, 의료 분야에서 합병증의 증세를 이해하면 환자를 돌보는 데 도움이 된다.

4.2 지지도와 신뢰도, 향상도

연관 관계를 찾는 데 가장 많이 사용하는 세 가지 지표를 살펴보자.

지표 1: 지지도^{support}. 지지도는 특정 품목 집합^{itemset}이 거래에서 얼마나 자주 등장하는지를 나타내는 것으로, 해당 품목 집합을 포함하는 거래의 비율로 계산할 수 있다. 표 1에서 {사과}는 8번의 거래 중 4번 등장하므로 지지도가 50%다. 품목 집합은 여러 품목을 포함할 수 있는데, 예를 들어 {사과, 맥주, 쌀}은 8번 중에 2번 등장하므로 지지도가 25%다. 지지도 임계값^{support threshold}은 빈번한 품목 집합을 가려내는 기준으로, 이 임계값보다 지지도가 큰 품목 집합을 빈번히 등장하는 것으로 간주한다.

$$지지도\ \{🍎\} = \frac{4}{8}$$

그림 1. 지지도

표 1. 식료품 거래 예제

지표 2: 신뢰도confidence. 신뢰도는 품목 X가 존재할 때 Y가 나타나는 빈도를 말하는 것으로 {X → Y}로 표기한다. 즉, X가 포함된 거래 중에 Y도 포함하는 거래의 비율로 측정할 수 있다. 표 1에서 {사과 → 맥주}는 네 번의 거래 중 세 번 발생하므로 신뢰도가 75%다.

$$신뢰도 \{🍎 → 🍺\} = \frac{지지도 \{🍎, 🍺\}}{지지도 \{🍎\}}$$

그림 2. 신뢰도

신뢰도의 단점은 연관성의 중요도를 오해할 수 있다는 것이다. 그림 2에서 보듯이 맥주의 판매 빈도는 고려하지 않고 사과의 판매 빈도만을 고려한다. 즉, 표 1에서 맥주가 원래 매우 자주 판매되는 품목이라면, 사과를 포함하는 거래가 맥주도 포함할 가능성이 커지므로 신뢰도를 부풀리게 된다. 하지만 세 번째 지표를 이용하면 두 품목 모두의 기반 빈도base frequency를 고려할 수 있다.

지표 3: 향상도lift. 향상도는 두 품목 각각이 얼마나 자주 팔리느냐를 고려했을 때, 항목 X 와 Y가 함께 팔리는 빈도를 나타낸다.

따라서 {사과 → 맥주}의 향상도는 {사과 → 맥주}의 신뢰도를 {맥주}의 빈도로 나눈 것과 같다.

$$향상도 \{🍎 → 🍺\} = \frac{지지도 \{🍎, 🍺\}}{지지도 \{🍎\} \times 지지도 \{🍺\}}$$

그림 3. 향상도

표 1에서 {사과 → 맥주}의 향상도는 1인데, 이는 두 품목 사이에 연관성이 없음을 의미한다. 향상도가 1보다 크면 X가 판매될 때 Y도 함께

팔릴 가능성이 있다는 것이고, 반면 향상도가 1보다 작으면 X가 팔릴 때 Y가 함께 팔릴 가능성이 작다는 것이다.

4.3 예제: 식료품 거래 분석

식료품점에서 30일간 수집한 데이터를 이용해 연관성 지표를 활용하는 예를 살펴보자. 그림 4는 신뢰도가 0.9% 이상이고 향상도가 2.3 이상인 식료품 품목의 쌍을 보여준다. 원이 클수록 지지도가 높은 것이고, 붉은 원은 향상도가 높음을 나타낸다.

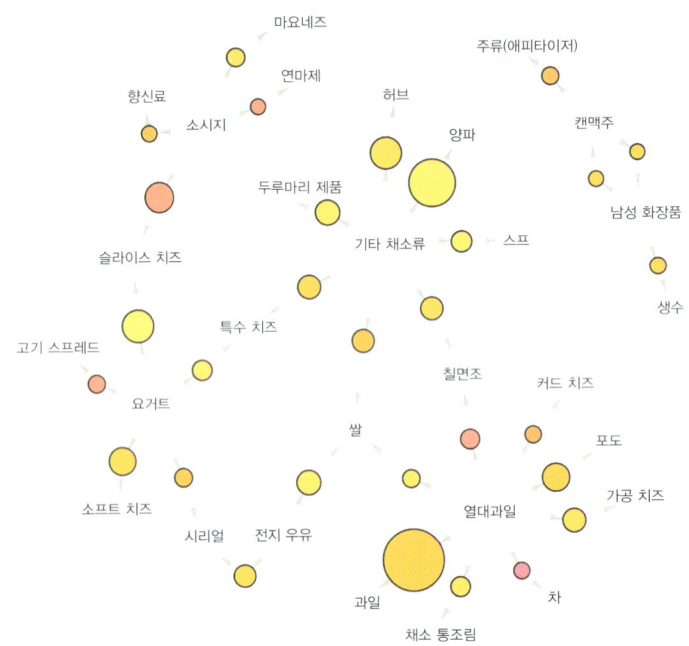

그림 4. 식료품 품목 사이의 연관성을 보여주는 네트워크 그래프

위 그림에서는 몇 가지 패턴을 발견할 수 있다.

- 가장 빈번한 거래는 씨앗 과일pip fruit과 열대 과일tropical fruit이다.
- 또 다른 빈번한 거래로는 양파와 채소가 있다.
- 슬라이스 치즈를 구매하면 소시지를 구매할 가능성이 크다.
- 차tea를 구매하면 열대 과일을 구매할 가능성이 크다.

신뢰도의 단점이 연관관계의 중요도를 왜곡하는 것이라는 점을 기억하는가? 이를 확인하기 위해 맥주를 포함하는 연관 규칙 세 가지를 살펴보자.

거래	지지도(%)	신뢰도(%)	향상도(%)
맥주 → 소다	1.38	17.8	1.0
맥주 → 베리	0.08	1.0	0.3
맥주 → 남성	0.09	1.2	2.6

표 2. 맥주가 포함된 세 규칙의 연관성 지표

{맥주 → 소다} 규칙은 신뢰도가 가장 높은 17.8%지만, 맥주와 소다는 모든 거래에서 빈번하게 등장하므로(표 3 참고), 두 품목이 함께 판매되는 빈도도 높은 것뿐이다. 그 향상도가 1이라는 점에서 맥주와 소다의 구매에는 연관성이 없다는 사실을 확인할 수 있다.

거래	지지도(%)
맥주	7.77
소다	17.44
베리	3.32
남성 화장품	0.46

표 3. 맥주가 포함된 규칙에서 함께 팔린 품목들의 지지도

반면, 남성 화장품은 일반적으로 자주 팔리지 않으므로 {맥주 → 남성 화장품}의 신뢰도는 낮지만, 향상도가 2.6으로 높은 점을 볼 때 남성 화장품을 구매하면 맥주를 구매할 가능성이 크다는 사실을 유추할 수 있다. {맥주 → 베리}는 그 반대다. 향상도가 1보다 낮은 것으로 미뤄볼 때 맥주를 구매한 사람은 베리를 구매하지 않을 가능성이 크다.

각 품목 집합의 구매 빈도는 쉽게 구할 수 있지만, 사업가의 입장에서는 자주 구매되는 품목 집합의 목록을 완전히 알고 싶어 할 것이다. 이를 위해서는 가능한 모든 품목 집합의 지지도를 구한 후, 지지도가 정해진 임계값보다 큰 품목 집합을 추려내야 한다.

품목이 10개뿐인 상점이라면 가능한 가짓수가 1023(즉, 2^10 - 1)이고, 품목의 수가 수백 개라면 가능한 가짓수는 폭발적으로 증가한다. 따라서 이보다 효율적인 방법이 필요하다.

4.4 Apriori 원리

가능한 품목 집합의 가짓수를 줄이는 방법 중 하나로 apriori 원리를 활용할 수 있다. 쉽게 말해서, apriori 원리란 어떤 품목 집합의 빈도가 낮으면, 해당 품목 집합을 포함하는 더 큰 품목 집합의 빈도도 낮다는 것이다. 즉, {맥주}의 빈도가 낮으면 {맥주, 피자}의 빈도도 낮아야 한다는 말이다. 따라서 판매 빈도가 높은 품목 집합을 알고 싶은 것이 목표라면, {맥주, 피자}는 물론 맥주를 포함하는 모든 품목 집합을 고려할 필요가 없다.

지지도가 높은 품목 집합 찾기

apriori 원리를 이용해 빈도가 높은 품목 집합을 얻는 과정은 다음과 같다.

- 0단계: {사과}와 {배}처럼 품목 하나를 포함하는 품목 집합에서 시작한다.
- 1단계: 각 품목 집합의 지지도를 구한다. 지지도 임계값을 넘는 품목 집합만 남기고 나머지는 버린다.
- 2단계: 앞 단계에서 남겨진 품목 집합에 새로운 품목 하나를 추가해 만들 수 있는 모든 후보 품목 집합을 생성한다.
- 3단계: 새로운 품목 집합이 더 이상 없을 때까지 1, 2단계를 반복하며 더 큰 품목 집합의 지지도를 구해 나간다.

그림 5는 apriori 원리를 이용하면 상당수의 후보 품목 집합을 걸러낼 수 있음을 보여준다. {사과}의 지지도가 낮다면 사과를 포함한 모든 후보 품목 집합이 제거되므로 고려해야 할 가짓수가 절반 이하로 줄어든다.

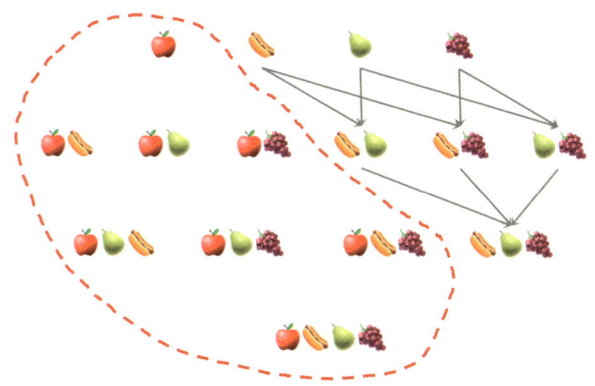

그림 5. 붉은 점선 안의 품목 집합은 걸러진다.

신뢰도나 향상도가 높은 품목 규칙 찾기

지지도가 높은 품목 집합을 찾는 일뿐만 아니라 신뢰도나 향상도가 높은 품목 집합을 찾을 때도 apriori 원리를 이용할 수 있다. 지지도를 이용하면 신뢰도와 향상도를 계산할 수 있으므로 지지도가 높은 품목 집합을 먼저 찾고 나면 원하는 연관성을 찾는 일은 상대적으로 계산량이 적다.

신뢰도가 높은 규칙을 찾는 예를 들어 보자. {맥주, 감자칩 → 사과}의 신뢰도가 낮다면 같은 품목을 포함하고 화살표 오른쪽에 사과가 있는 다른 모든 규칙의 신뢰도도 낮다. 즉, {맥주 → 사과, 감자칩}과 {감자칩 → 사과, 맥주}도 신뢰도가 낮다. 앞에서와 마찬가지로, apriori 원리에 따라 이를 포함하는 모든 규칙을 제거할 수 있으므로 고려해야 할 후보 규칙의 수를 줄일 수 있다.

4.5 제약

계산량이 많음. apriori 원리를 이용해서 후보 품목 집합의 수를 줄인다고 해도 상점에 품목의 수가 많거나 지지도 임계값이 낮으면 가짓수는 여전히 매우 클 수 있다. 이에 대한 해결책으로 정교한 자료 구조를 이용해 품목 집합을 정렬할 때 수행하는 비교의 횟수를 줄일 수 있다.

의심스러운 연관성. 품목 수가 많으면 연관 관계가 우연히 생길 수도 있다. 발견해낸 연관성을 일반화할 수 있음을 확인하려면 반드시 검증해야 한다(1.4장 참고).

이러한 제약이 있음에도 불구하고 연관 규칙은 적당한 규모의 데이터 세트에서 패턴을 찾을 수 있는 직관적인 방법 중의 하나다.

4.6 요약

- 연관 규칙은 어떤 품목이 단독적으로, 혹은 다른 품목과 관계돼 얼마나 자주 등장하는지를 밝혀낸다.
- 연관성을 측정하는 일반적인 지표에는 세 가지가 있다.
    1. {X}의 지지도는 품목 X의 등장 빈도를 나타낸다.
    2. {X -> Y}의 신뢰도는 품목 X가 등장할 때 품목 Y가 함께 등장할 빈도를 나타낸다.
    3. {X -> Y}의 향상도는 각각의 빈도를 고려했을 때, 품목 X와 Y가 함께 등장하는 빈도를 나타낸다.
- apriori 원리를 이용하면 빈도가 낮은 상당수의 품목 집합을 제거함으로써 빈도가 높은 품목 집합을 빠르게 찾을 수 있다.

/ 05

소셜 네트워크 분석

5.1 관계 매핑하기

우리 대부분은 친척과 동료, 학교 친구 등 다양한 사람들로 이뤄진 사회적 모임에 속한다. 이런 사람들이 서로 어떻게 관계되는지, 예를 들어, 그룹 안에서 영향력 있는 사람과 그 사람들이 그룹을 어떻게 이끄는지를 알고 싶을 때 소셜 네트워크 분석^{Social Network Analysis, SNA}이라는 기법을 사용할 수 있다. SNA는 입소문 마케팅과 질병 역학 모델링, 팀 게임 전략 등에서 유용하지만, 이름에서 알 수 있듯이 소셜 네트워크에서의 관계를 파악하는 데 주로 사용된다. 그림 1은 SNA에서 관계를 표현하는 방식을 보여준다.

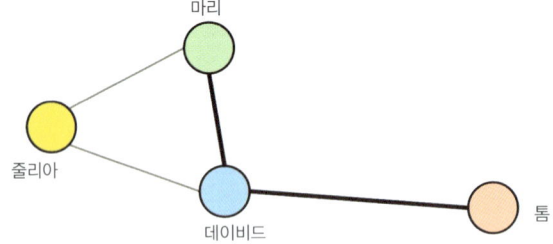

그림 1. 친구 네트워크 예제. 에지의 굵기는 관계의 친밀함을 나타낸다.

그림 1은 그래프graph라고도 부르는 네트워크를 보여주는데, 네 명의 개인 각각이 노드node로 표현된다. 노드 사이의 관계를 나타내는 선을 에지edge라고 하며, 각 에지는 관계의 강도를 나타내는 가중값을 포함할 수 있다.

그림 1에서 다음과 같은 사실을 알 수 있다.

- 데이비드는 연결이 가장 많은 사람으로, 나머지 세 명과 친하다.
- 톰은 데이비드 외의 사람은 모르지만, 둘은 좋은 친구다.
- 줄리아는 마리와 데이비드를 알지만, 가까운 사이는 아니다.

SNA를 이용하면 직접적인 관계뿐만 아니라 서로의 연결 관계를 바탕으로 다른 항목의 네트워크를 매핑할 수 있다. 이제 국제 무기 거래 네트워크를 SNA로 분석해 지배적 지위를 갖춘 나라와 그들의 영향권을 알아보자.

5.2 예제: 무기 거래로 엿보는 지정학

스톡홀름 국제평화연구재단에서는 나라 간의 주요 무기 거래에 대한 데이터를 얻을 수 있다. 국제무대에서는 이해관계가 일치하는 나라 사이에 무기 거래가 이뤄지므로 무기 거래는 두 나라의 관계를 보여주는 척도라 할 수 있다.

이번 분석에서는 1990년의 가격을 기준으로 거래된 무기의 가격을 미국 달러로 환산해 표준화했으며, 100만 달러 이상의 거래만 고려한다. 신기술의 상품화 주기로 인해 발생하는 무기 거래량의 변동을 고려하기 위해 2006년부터 2015년까지 10년간의 거래량을 바탕으로 91개의 노드와 295개의 에지로 이뤄진 네트워크를 만들었다.

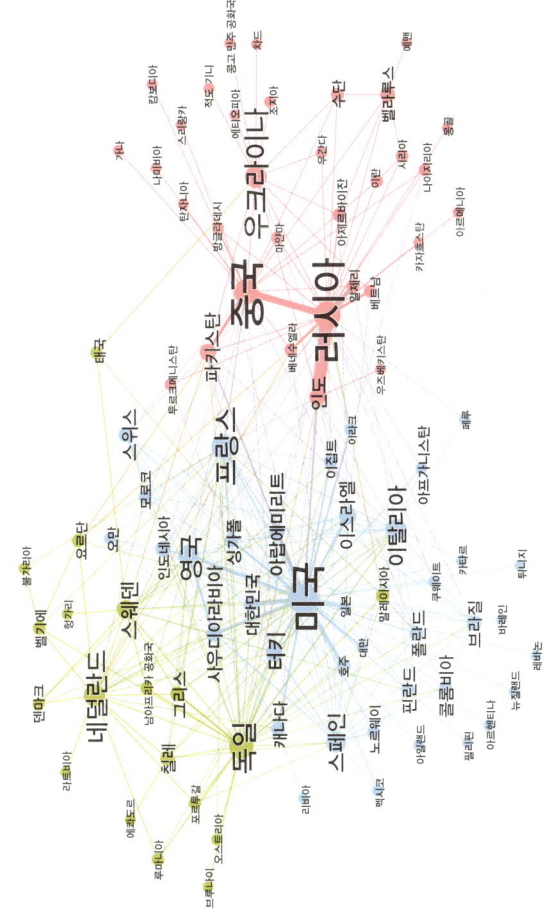

그림 2. 무기 거래를 바탕으로 만든 국가 간 네트워크

네트워크를 시각화하기 위해 힘-지향$^{force\ directed}$ 알고리즘을 이용했다. 연결되지 않은 노드는 서로를 밀어내고, 연결된 노드는 연결의 강도에 따라 서로를 끌어당긴다(그림 2 참고). 예를 들어, 러시아와 인도는 가장 큰 무기 거래량(22.3조 달러)를 자랑하므로 두 나라는 두꺼운 선으로 연결되고 가까이에 위치한다.

이렇게 만들어진 네트워크를 (앞으로 설명할) 루뱅 메서드$^{Louvain\ method}$로 분석하면, 지정학적 동맹 관계가 3개의 군집으로 나눠진다는 것을 알 수 있다.

- 푸른색: 미국과 그 동맹국 영국과 이스라엘을 위주로 하는 가장 큰 군집
- 노란색: 독일이 주도하며 주로 유럽 국가로 구성된 군집. 푸른색 군집과 밀접한 관계를 공유함.
- 빨간색: 러시아와 중국이 주도하는 군집으로, 나머지 두 군집과 단절됨. 주로 아시아와 아프리카 국가로 구성됨.

이러한 군집들은 서구 국가들 간에 오랫동안 지속되는 동맹과 민주주의와 공산주의 국가 간의 양극 체제, 점점 커지는 미국과 중국 사이의 권력 다툼을 포함하는 21세기의 지정학적 현실을 반영한다.

군집으로 그룹화하는 작업에 더불어, (앞으로 설명할) 페이지랭크^{PageRank}를 이용해 각 나라의 영향도를 순위별로 나열했다. 그림 3은 영향력이 가장 큰 상위 15개 나라를 보여주며, 그림 2에서도 노드와 국가명의 크기로 그 사실을 확인할 수 있다.

분석 결과를 보면 영향력이 큰 상위 5개 나라가 미국과 러시아, 독일, 프랑스, 중국임을 알 수 있는데, 이 중 4개 나라가 국제 안전보장 이사회의 멤버로써 영향력을 미친다는 사실과 맥락을 같이한다.

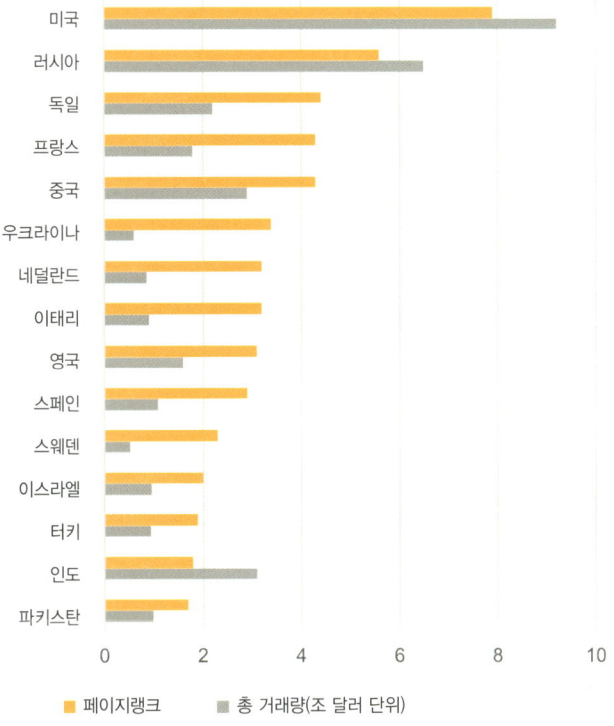

그림 3. 페이지랭크 알고리즘으로 분석한 무기 거래에서 영향력이 가장 큰 15개 나라. 각 나라의 페이지랭크 값(노란색)과 총 거래량(회색)을 볼 수 있다.

다음 절에서는 국가를 군집화하고 순위를 부여할 때 사용한 방법을 살펴보자.

5.3 루뱅 메서드

그림 2에서 보듯이 노드를 그룹핑함으로써 군집을 발견할 수 있다. 이렇게 발견된 군집을 바탕으로 네트워크의 각 부분이 어떻게 다르고, 서로 다른 부분들이 어디서 연결되는지 알 수 있다.

네트워크 안의 군집을 발견하는 방법 중 하나가 루뱅 메서드다. 루뱅 메서드는 1) 같은 군집 내부 에지의 개수와 강도를 최대화하는 반면, 2) 서로 다른 군집 사이에서는 에지의 개수와 강도가 최소화되도록 군집을 조정한다. 이 두 조건이 얼마나 잘 달성됐느냐를 가리키는 척도를 모듈성modularity이라고 하며, 모듈성이 높을수록 군집화가 최적으로 수행됐음을 의미한다.

최적의 군집을 얻기 위해 루뱅 메서드는 다음과 같은 과정을 반복한다.

- 0단계: 각 노드 하나하나를 하나의 군집으로 가정한다. 즉, 노드 개수만큼의 군집이 존재하는 상태에서 시작한다.
- 1단계: 각 노드를 모듈성이 최대화되는 군집에 재할당한다. 모듈성을 더 이상 높일 수 없다면 해당 노드는 그대로 둔다. 더 이상의 재할당이 없을 때까지 모든 노드에 이 과정을 반복한다.
- 2단계: 1단계에서 찾은 각 군집을 하나의 노드로 치환해 새로운 성긴coarse-grained 네트워크를 만든다. 그리고 원래 군집 사이에 존재하던 에지를 통합해 새로운 노드 사이의 가중값 에지로 만든다.
- 3단계: 더 이상의 재할당과 통합이 없을 때까지 1단계와 2단계를 반복한다.

이처럼 루뱅 메서드는 작은 군집을 먼저 찾은 후, 군집을 적절히 통합함으로써 더 큰 군집을 찾을 수 있도록 해준다. 이와 같은 단순함과 효율성 덕분에 네트워크 군집화에서 루뱅 메서드를 가장 많이 사용하지만 다음과 같은 한계가 있다.

작지만 중요한 군집을 놓칠 수 있다. 군집을 반복적으로 병합하는 과정에서 중요하지만 크기가 작은 군집이 없어질 수 있다. 이를 피하기 위해 중간 단계에서 생성되는 군집들을 확인해 필요하다면 남겨둘 수 있다.

가능한 군집화의 경우의 수가 여러 가지다. 겹치거나 중첩된 군집을 포함하는 네트워크에서는 최적의 군집을 결정하기가 어렵다. 모듈성이 높은 답이 여러 개 존재할 경우에는 그림 2에서 지리적 위치나 정치 이데올로기의 유사성에 따라 군집을 비교한 것처럼, 다른 출처의 정보를 이용해 군집화의 결과를 검증할 수 있다.

5.4 페이지랭크 알고리즘

군집은 상호작용이 집중되는 위치를 찾아주지만, 그 상호작용은 군집 안에서 지배적인 노드에 의해 이뤄진다. 이처럼 지배적인 노드를 찾기 위해 노드에 순위를 부여한다.

구글의 공동 창업자 래리 페이지$^{Larry\ Page}$의 이름을 딴 페이지랭크 알고리즘은 구글이 웹 사이트에 순위를 부여할 때 맨 처음 사용한 알고리즘이다. 여기서는 웹 사이트의 순위를 부여하는 가장 일반적인 예제로 페이지랭크를 설명하지만, 어떤 종류의 노드에든 순위를 부여하기 위해 페이지랭크를 사용할 수 있다.

웹 사이트의 페이지랭크는 세 가지 요소로 결정된다.

- **링크의 수**. 한 웹 사이트가 다른 웹 사이트로부터 링크돼 있으면, 더 많은 사용자를 끌어들일 수 있다.
- **링크의 강도**. 사용자가 링크에 더 많이 접근할수록 웹 사이트의 트래픽도 높다.

- **링크의 출처**. 랭크가 높은 웹 사이트로부터 링크된 웹 사이트는 랭크가 높아진다.

그림 4는 노드가 웹 사이트를, 에지가 하이퍼링크를 표현하는 네트워크를 보여준다. 이를 바탕으로 페이지랭크의 작동 방식을 살펴보자.

특정 노드로 향하는 하이퍼링크의 가중값이 클수록 해당 웹 사이트로 많은 트래픽이 유입된다는 것을 의미한다. 그림 4에서 웹 사이트 M에 머물던 사용자는 웹 사이트 J보다 웹 사이트 D를 방문할 가능성이 두 배로 크다. 그리고 웹 사이트 T는 방문하지 않는다.

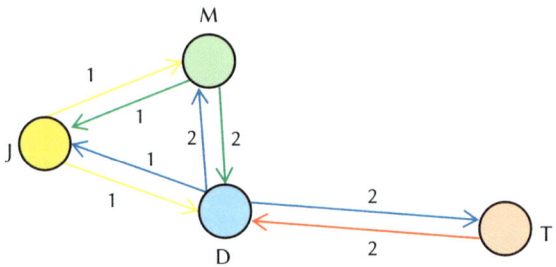

그림 4. 노드가 웹 사이트를, 에지가 하이퍼링크를 표현하는 네트워크

어떤 웹 사이트가 사용자를 많이 끌어들이는지 알기 위해 100명의 사용자가 웹 서핑하는 과정을 시뮬레이션한 후, 최종적으로 사용자가 머무는 웹 사이트가 어딘지를 관찰할 수 있다.

우선 그림 5와 같이 100명의 사용자를 웹 사이트 네 곳에 균등하게 분배한다.

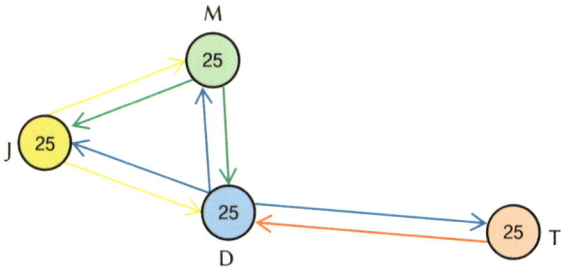

그림 5. 100명의 사용자를 웹 사이트 네 곳에 분배한 초기 상태

각 웹 사이트의 사용자를 다른 웹 사이트로 향하는 링크의 강도에 따라 재분배한다. 예를 들어, 웹 사이트 M에 있던 사용자의 2/3는 웹 사이트 D로 이동하고, 나머지 1/3은 웹 사이트 J로 이동한다. 그림 6의 에지에서 각 노드를 나가고 들어오는 사용자의 수를 볼 수 있다.

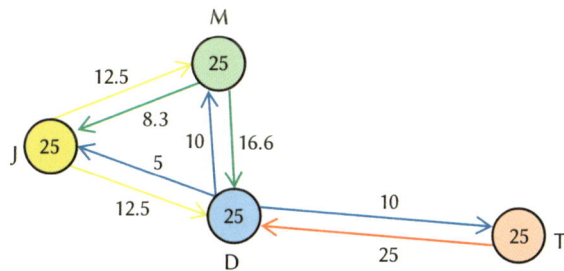

그림 6. 밖으로 향하는 링크의 강도에 따른 사용자 재분배

사용자를 재분배한 후에 웹 사이트 M에는 웹 사이트 D에서 방문한 10명과 웹 사이트 J에서 방문한 13명을 합쳐 23명의 사용자가 존재한다. 그림 7은 각 웹 사이트의 사용자 분포를 정수로 반올림한 결과를 보여준다.

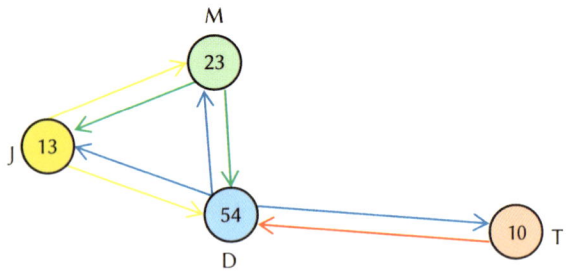

그림 7. 재분배 후 각 웹 사이트의 사용자 수

각 웹 사이트의 사용자 수에 변화가 없을 때까지 사용자 재분배 과정을 반복하면 웹 사이트의 페이지랭크를 얻을 수 있다. 각 웹 사이트에 최종적으로 남겨진 사용자 수가 바로 페이지랭크이며, 웹 사이트가 더 많은 사용자를 끌어들일수록 순위가 높다.

같은 방법으로 페이지랭크를 적용해 나라별 우월적 지위를 측정할 수도 있다. 무기 거래 네트워크에서 페이지랭크가 높은 나라는 순위가 높은 다른 나라와 고가의 거래를 하는 나라이므로 국제 무기 거래 네트워크에서 핵심적 역할을 하는 영향력 높은 플레이어라고 할 수 있다.

페이지랭크 알고리즘이 사용하기에는 간단하지만 제약도 존재한다. 즉, 오래된 노드에게 유리한 방향으로 편향될 수 있다. 예를 들어, 새로운 웹페이지에 우수한 콘텐츠가 존재해도 초기에 발견하기 어렵기 때문에 페이지랭크가 낮아질 수 있고, 사이트 추천에서 제외될 수도 있다. 이를 막으려면 페이지랭크를 주기적으로 갱신해 새로운 웹 사이트가 평판을 쌓으면서 랭크를 올릴 수 있도록 기회를 줘야 한다.

그러나 이런 편향이 항상 부정적인 것은 아니다. 특히 국가의 주도권에 따라 순위를 부여할 때처럼 긴 세월 동안 영향력을 쌓아야 하는 대상에 순위를 부여할 때는 더욱 그렇다. 이처럼 알고리즘의 제약이 연구 주제에 따라서는 장점이 될 수도 있다.

5.5 제약

군집화와 랭킹이 네트워크에 대한 깊은 통찰을 제공해주지만, 결과를 해석할 때는 신중해야 한다.

무기 거래 데이터를 이용해 국가 간의 관계를 저울질하는 과정을 예로 들면, 간단한 지표들에는 다음과 같은 단점이 있다.

무기 거래가 없는 국가 간의 외교 관계를 과소평가한다. 대부분의 에지가 무기 수출국과 수입국 사이에만 존재한다. 따라서 무기 수입국(또는 수출국)끼리의 친선 관계는 반영되지 않는다.

무기 거래에 영향을 미치는 다른 고려사항을 놓칠 수 있다. 무기 체계는 기존 시스템에 통합돼야 하므로 이러한 제약이 무기 판매에 걸림돌로 작용한다. 또한 수출국은 자국의 국익(예: 경제적 이익)에 따라 무기 판매 결정을 내린다. 주요 무기 수출국인 우크라이나가 국제적 영향력에 비해 높은 순위인 6위를 차지한 이유가 바로 여기에 있다.

우리가 알고자 하는 바를 데이터가 얼마나 잘 표현하느냐에 결과의 유효성이 달려 있기 때문에 네트워크를 생성할 때 사용할 데이터의 유형을 잘 선택해야 한다. 선택한 데이터 출처의 합리성과 분석 기법의 견고성이 충분함을 확인하려면 다른 출처에서 얻은 정보를 분석한 결과도 확인해봐야 한다.

5.6 요약

- 소셜 네트워크 분석은 개체 사이의 관계를 매핑하고 분석하는 기법이다.
- 로뱅 메서드는 군집 내의 상호작용을 최대화하고 군집 사이의 상호작용을 최소화함으로써 네트워크에 존재하는 군집을 찾아낸다. 군집의 크기가 비슷하고 군집이 겹치거나 중복되지 않는 경우에 적합하다.
- 페이지랭크 알고리즘은 링크의 개수와 강도, 링크의 출처를 바탕으로 네트워크에 존재하는 노드에 순위를 부여한다. 페이지랭크를 이용하면 네트워크에서 유력한 노드를 찾아낼 수 있지만, 많은 링크를 만들 시간이 부족한 새로운 노드에 불이익을 줄 수 있다.

06 회귀 분석

6.1 추세선 찾기

추세선$^{\text{trend line}}$은 생성하기 쉽고 이해하기 쉬워 예측에 있어 가장 널리 쓰는 도구다. 신문을 넘기다 보면 주식이나 날씨를 비롯한 모든 주제에 대한 추세 차트를 볼 수 있다.

일반적인 추세에서는 결과^{outcome}를 예측하기 위해 하나의 예측자^{predictor}를 사용한다. 예를 들어, 회사의 주식(결과)을 예측하기 위해 시간(예측자)을 사용한다. 그러나 더 많은 예측자를 추가해 예측의 정확도를 개선할 수 있는데, 주가를 예측하기 위해 시간에 더해 영업이익을 사용할 수 있다.

회귀 분석$^{\text{regression analysis}}$을 이용하면 이처럼 예측자를 추가해 예측의 정확도를 개선할 뿐만 아니라 각 예측자의 강점을 비교할 수 있다.

주택 가격을 예측하는 사례를 바탕으로 그 방법을 알아보자.

6.2 예제: 주택 가격 예측

1970년대 보스턴 지역의 주택 가격 데이터와 그에 관련된 예측자를 사용한다. 사전 분석에 따르면 가장 강한 2개의 예측자는 주택에 포함된 방의 개수와 이웃에 거주하는 저소득자의 비율이었다.

그림 1에서 비싼 집에는 일반적으로 방이 많다는 것을 알 수 있다. 주택 가격을 예측하기 위해 추세선(푸른색)을 그을 수 있는데, 이를 최적합선best-fit line이라 한다. 즉, 추세선은 도표에서 가능한 많은 데이터 포인트를 지나거나 가까이에 위치한다. 예를 들어, 방이 8개인 집의 가격은 대략 38,150달러라고 예측할 수 있다.

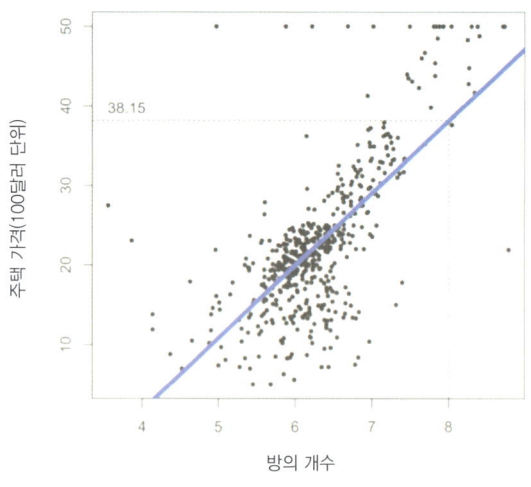

그림 1. 방의 개수에 따른 주택 가격

주택 가격은 방의 개수는 물론 이웃 주민들의 영향을 받는다. 저소득 거주자의 비율이 높은 곳에 위치한 주택은 가격이 낮다(그림 2 참고). (그림 2a에서 보듯) 추세선이 약간 휘어져 있으므로 예측자의 값에 수학적인 변환인 로그^{logarithm}를 적용해 직선인 추세선으로 데이터 포인트를 좀 더 잘 표현할 수 있도록 했다(그림 2b).

그림 1보다 그림 2b에서 데이터 포인트들이 추세선 주위에 더 밀집된 모습을 볼 수 있는데, 이는 이웃의 소득 정도가 방의 개수보다 더 강한 예측자임을 의미한다.

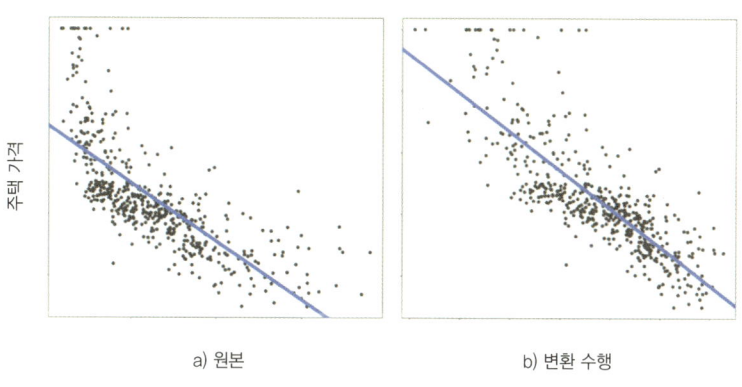

a) 원본   b) 변환 수행

그림 2. 이웃에 거주하는 저소득자의 비율에 따른 주택 가격

주택 가격 예측의 정확도를 향상시키기 위해 방의 개수와 이웃의 영향을 예측자로 조합할 수 있다. 그러나 이웃의 영향도가 방의 개수보다 강한 예측자이므로 두 예측자를 단순히 더하는 것은 좋은 방법이 아니니다. 대신에 이웃의 영향력에 따른 예측에 더 큰 가중값을 둬야 한다.

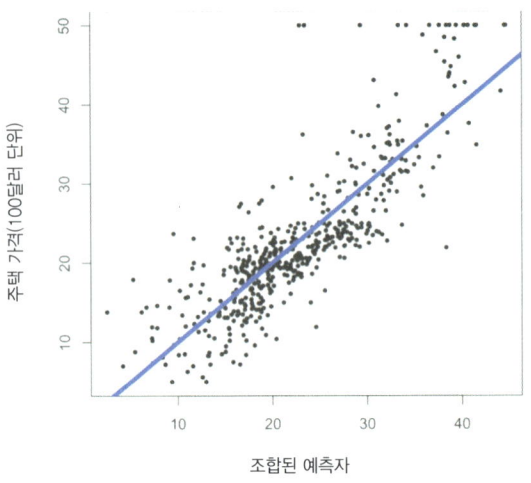

그림 3. 방의 개수와 이웃의 영향력의 가중값 조합에 따른 주택 가격

그림 3에서 최적의 가중값으로 조합된 두 예측자의 조합에 따른 주택 가격을 볼 수 있다. 예전보다 데이터 포인트들이 추세선에 가깝게 있음을 볼 수 있는데, 이 추세선을 이용한 예측이 더 정확함을 의미한다. 이를 검증하기 위해 지금까지 살펴본 세 추세선의 평균 예측 오차를 비교해볼 수 있다(표 1 참고).

	예측 오차 (1,000달러 단위)
방의 개수	4.4
이웃의 영향	3.9
방의 개수와 이웃의 영향	3.7

표 1. 세 추세선을 사용했을 때의 평균 예측 오차

이제 예측자의 가중값 조합이 좀 더 정확한 예측을 가능케 한다는 것을 명확히 알 수 있다. 그런데 두 가지 질문이 남는다. 1) 최적의 가중값은 어떻게 찾는가? 2) 그 결과를 어떻게 해석하는가?

6.3 기울기 하강법

예측자의 가중값은 회귀 분석에 있어 중요한 파라미터이며, 일반적으로 방정식을 푸는 직접적인 방식으로 최적의 가중값을 찾는다. 그러나 회귀 분석은 간단하고 개념을 설명하기에 적합하므로 이왕이면 파라미터를 최적화하는 고급 기법을 알아보자. 기울기 하강법$^{gradient\ descent}$라고 부르는 이 방법은 파라미터를 직접적으로 유도할 수 없을 때 유용하다.

간단히 말하면 기울기 하강법 알고리즘은 적당한 가중값 집합에 대한 초기 추정을 한 후, 이 가중값들을 적용해 예측을 수행하는 과정을 반복하면서 전체적인 예측 오차가 줄어들도록 조정한다.

이 과정은 언덕의 아래쪽을 찾아 걸음을 옮기는 일에 비유할 수 있다. 매 단계에서 기울기 하강법 알고리즘은 아래쪽으로 향하는 기울기가 가장 큰 방향을 찾고, 가중값을 그 방향으로 재조정한다. 결국 최저점에 이르게 되는데, 그곳이 바로 예측 오차가 최소화되는 지점이다. 그림 4는 최적화된 회귀 추세선이 기울기상의 최저점에 대응함을 보여준다.

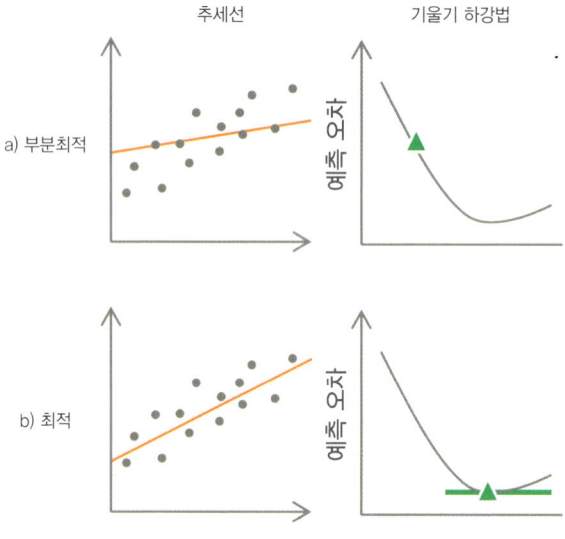

그림 4. 기울기 하강법을 이용해 최적의 추세선을 찾는 과정

기울기 하강법은 회귀뿐만 아니라 서포트 벡터 머신(8장)과 신경망(11장) 등 다른 모델의 파라미터를 최적화할 때도 사용할 수 있다. 그러나 이처럼 더 복잡한 모델에서는 언덕의 어느 위치에서 시작하는지(즉, 파라미터의 초기값)가 기울기 하강법의 결과에 영향을 미칠 수 있다. 예를 들어, 작은 구덩이가 있는 위치에서 시작하면 기울기 하강법 알고리즘은 구덩이의 움푹 파인 부분을 최적의 위치로 오해할 수 있다(그림 5).

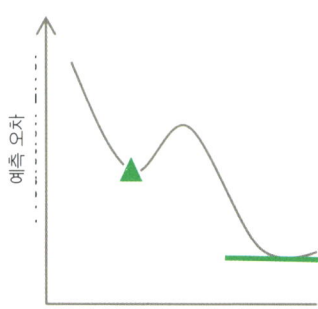

그림 5. 진짜 최적 지점(녹색 수평선)이 훨씬 아래 있을 때, 근처의 구덩이(녹색 삼각형)를 최적 지점으로 오인하는 경우

구덩이에 빠질 위험을 줄이려면 확률적 기울기 하강법^{stochastic gradient descent}, 즉 각 단계에서 파라미터를 조정할 때 모든 데이터 포인트를 사용하지 않고, 하나만 선택해 사용하는 방법을 사용할 수 있다. 이렇게 하면 변동성이 커져서 알고리즘이 구덩이에서 빠져나갈 수 있다. 이렇게 확률적인 과정으로 찾은 파라미터 값은 엄밀히 말해 최적이 아니지만, 일반적으로 최적에 충분히 가까운 값이다.

그러나 이러한 문제는 복잡한 모델에 한정되므로 회귀 분석에서는 걱정할 필요가 없다.

6.4 회귀 계수

회귀 예측자를 위한 최적의 가중값 집합을 찾아낸 후에는 그 결과를 해석해야 한다.

지금까지 회귀 예측자의 가중값이라고 칭했지만 정식 명칭은 회귀 계수^{regression coefficients}인데, 한 예측자의 회귀 계수는 다른 예측자들에 비해 해당 예측자가 얼마나 강한지를 나타낸다. 다시 말하면 절대적인 예측 강도가 아니라 특정 예측자에게 부여된 상대적 가치를 나타낸다.

예를 들어, 주택의 면적과 방의 개수를 함께 사용해 주택 가격을 예측한다면, 방의 개수에 대한 가중값은 중요성을 잃는다. 주택의 크기를 가늠한다는 점에서 방의 개수와 면적이 중복되기 때문에 전체적인 예측 능력에 기여하는 가치는 작아진다.

서로 다른 단위로 측정된 예측자들도 회귀 계수를 해석하는 데 방해가 될 수 있다. 예를 들어, 센티미터 단위로 측정된 예측자의 가중값은 미터 단위로 측정된 예측자의 가중값보다 100배 작다. 이를 피하려면 회귀 분석을 수행하기 전에 예측 변수의 단위를 표준화해야 한다. 표준화란, 각 변수를 백분율로 표현하는 것에 비유할 수 있다. 예측자를 표준화한 후의 계수를 베타 가중값$^{beta\ weights}$이라고 하는데, 이를 바탕으로 더 정확한 비교가 가능하다.

주택 가격 예제에서 두 예측자 1) 방의 개수와 2) 이웃에 거주하는 저소득자의 비율을 표준화한 후 각각의 가중값을 2.3과 6.7로 정했다. 이는 저소득 주거자의 비율이 방의 개수에 비해 주택 가격을 예측하는 훨씬 더 강한 예측자라는 말이다. 이를 나타내는 회귀 방정식은 다음과 같다.

$$가격 = 2.7(방의\ 수) - 6.3(저소득자\ 비율)$$

이 방정식에서 저소득자의 비율은 음의 가중값을 가지므로 빼기 기호를 사용한다. 이는 그림 2에서 추세선의 기울기가 아래로 향하는 것에서 알 수 있듯이, 해당 예측자가 주택 가격과 음의 상관관계를 갖기 때문이다.

6.5 상관 계수

예측자가 하나뿐일 때, 해당 예측자의 베타 가중값을 상관 계수$^{correlation\ coefficient}$라고 하며 r 로 표기한다. 상관 계수는 −1에서 1 사이의 값을 가지며, 두 가지 정보를 제공한다.

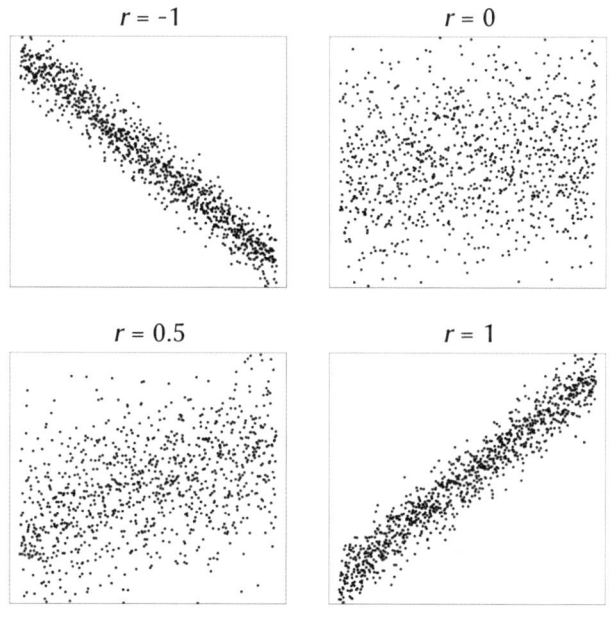

그림 6. 상관 계수에 따른 데이터 분포

방향^{direction}. 계수가 양수이면 예측자와 결과가 같은 방향으로 움직이는 것이며, 계수가 음수이면 반대 방향으로 움직이는 것이다. 즉, 주택 가격은 방의 개수와 양의 상관관계를 가지며, 저소득 주거자의 비율과 음의 상관관계를 갖는다.

강도(크기). 계수의 값이 −1이나 1에 가까울수록 예측자가 강하다고 할 수 있다. 예를 들어, 그림 1의 추세선에서 상관계수는 0.7이고, 그림 2b에서는 −0.8이다. 이는 이웃의 영향이 방의 개수보다 주택 가격에 더 강한 예측자임을 의미한다. 계수가 0이면 예측자와 결과 사이에 관계가 없음을 의미한다. 이처럼 상관 계수는 각 예측자의 절대적 강도를 나타내므로 예측자들의 우선순위를 정할 때 회귀 계수보다 더 안정적인 방법이라고 할 수 있다.

6.6 제약

회귀 분석을 바탕으로 많은 정보를 얻을 수 있고 계산도 빠르지만, 다음과 같은 단점이 있다.

이상값에 민감함. 회귀 분석에서는 모든 데이터 포인트를 균등하게 취급하므로 극단적인 값을 갖는 몇몇 데이터 포인트가 추세선을 심각하게 왜곡시킬 수 있다. 이를 감지하려면 다음 단계의 분석을 하기 전에 산포도를 이용해 이상값을 찾아내야 한다.

서로 연관된 예측자로 인한 가중값 왜곡. 회귀 모델에 서로 상관도가 높은 예측자를 포함시키면 가중값을 해석할 때 왜곡을 유발해 다중공선성multicolinearity 문제가 발생한다. 다중공선성 문제를 극복하기 위해 분석에 앞서 상관도가 높은 예측자를 제외하거나 라쏘lasso나 릿지 회귀ridge regression 등의 고급 기법을 사용할 수 있다.

인과관계를 반영하지 않음. 애완견 소유 여부가 주택 가격과 양의 상관관계에 있다고 가정해보자. 하지만 애완견을 기른다고 해서 집의 가격이 올라가지 않는다는 사실은 누구나 알 수 있다. 그보다는 애완견을 기를 여유가 있는 사람이라면 소득이 높을 가능성이 크고, 부유한 이웃이 많은 지역의 주택 가격이 높을 가능성이 크다.

이런 단점에도 불구하고 회귀 분석은 예측에 있어서 가장 일반적이며 사용하기 쉽고 직관적인 기법이다. 결과를 해석할 때 신중하게 임한다면 결과의 정확도를 보장하는 데 도움이 될 것이다.

6.7 요약

- 회귀 분석은 가능한 많은 데이터 포인트를 지나거나 가까이에 위치하는 최적합 추세선을 찾는다.
- 예측자의 가중값 조합을 바탕으로 추세선을 찾아낼 수 있다. 이러한 가중값을 회귀 계수라고 하며, 다른 예측자가 존재하는 상황에서 해당 예측자의 강도를 나타낸다.
- 회귀 분석은 예측자 사이에 상관관계가 없고, 이상값이 존재하지 않으며 추세가 직선임을 가정할 수 있을 때 적합하다.

07
k-최근접 이웃과 이상 감지

7.1 식품 감별

와인에 대해 이야기해보자. 레드 와인과 화이트 와인의 진짜 차이가 무엇인지 궁금했던 적이 있는가?

단순히 레드 와인은 붉은 포도로, 화이트 와인은 하얀 포도로 만들었다고 생각하는 사람도 있지만, 이는 사실이 아니다. 하얀 포도로 레드와인을 만들 수는 없지만, 붉은 포도로 화이트 와인을 만들 수 있기 때문이다.

진짜 차이는 포도를 발효시키는 방법에 있다. 레드와인은 포도즙을 발효할 때 포도 껍질을 함께 넣는데, 그 껍질에서 붉은 색소가 나온다. 반면, 화이트 와인은 껍질을 빼고 포도즙을 발효한다.

와인의 색으로 포도 껍질의 존재를 알 수 있지만, 포도 껍질로 인해 와인의 화학적 구성 성분도 변화한다. 즉, 와인을 보지 않고 화학적 구성만으로 와인의 색을 유추할 수 있다.

이런 가설을 확인하기 위해 머신 러닝에서 가장 간단한 방법 중의 하나인 k-최근접 이웃$^{\text{k-Nearest Neighbors, k-NN}}$ 기법을 사용할 수 있다.

7.2 유유상종

k-최근접 이웃$^{\text{k-NN}}$은 데이터 포인트를 분류함에 있어 그에 이웃한 데이터 포인트의 분류를 바탕으로 하는 알고리즘이다. 즉, 어떤 데이터 포인트가 붉은 점 4개와 푸른 점 1개로 둘러싸여 있다면, 이웃 대부분이 해당 데이터 포인트가 붉은 점이라는 사실을 지지한다는 것이다.

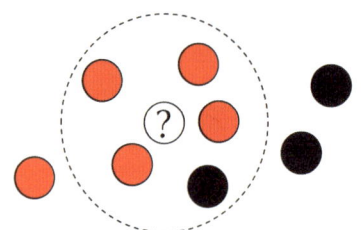

그림 1. 5개 이웃의 투표 결과에 따라 데이터 포인트의 중앙 지점을 붉은 색으로 분류한다.

k-NN에서 k는 투표 과정에 참여할 최근접 이웃의 개수를 나타내는 파라미터다. 위의 예에서 k는 5다. 적당한 k 값을 찾는 과정을 파라미터 튜닝이라고 하며, 이 과정이 예측 정확도에 중대한 영향을 미친다.

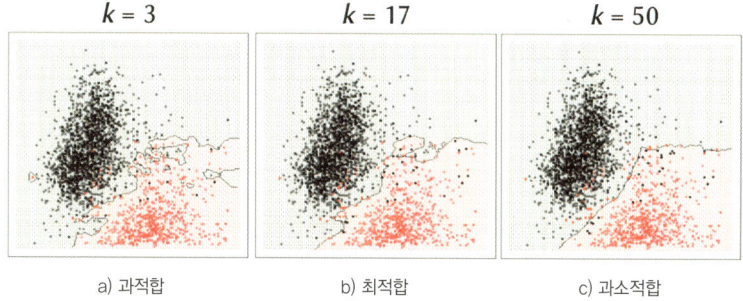

그림 2. k의 값을 달리 했을 때 모델의 적합도 비교. 검은색 영역의 점은 화이트 와인으로, 붉은색 영역의 점은 레드 와인으로 분류된다.

k가 너무 작으면(그림 2a), 데이터 포인트가 바로 옆 이웃에만 매칭되므로 랜덤 노이즈에 의한 오류가 증폭된다. 반대로 k가 너무 크면(그림 2c), 데이터 포인트가 너무 먼 곳의 이웃과도 매칭되므로 숨겨진 패턴을 희석시킨다. 그러나 k가 딱 적당한 값일 때(그림 2b), 오류가 서로를 상쇄할 정도로 적당한 수의 이웃을 고려함으로써 데이터에 존재하는 작은 추세를 발견할 수 있다.

최적합과 최소 오류를 달성하기 위해 교차검증을 이용해 파라미터 k를 튜닝할 수 있다(1.4장 참고). 이진(즉, 분류가 2개인) 분류 문제에서는 k를 홀수로 정해 투표 결과가 동률이 되는 일을 막을 수 있다.

데이터 포인트를 그룹으로 분류하는 일 외에도 연속적인 값을 예측할 때 최근접 이웃들의 값을 집계하는 방식으로 k-NN을 이용할 수 있다. 이때 모든 이웃을 동등하게 대우해 단순히 평균을 취하는 대신, 가중값 평균을 이용해 평가 정확도를 개선할 수 있다. 더 가까운 이웃이 해당 데이터 포인트의 진짜 값을 더 잘 반영하므로 멀리 떨어진 이웃보다 더 큰 가중값을 갖는 것이다.

7.3 예제: 와인의 차이 알아내기

와인 예제로 돌아가 보자. 와인의 색을 예측하기 위해 화학적 성분이 비슷한 근접한 이웃에 위치한 와인의 색을 참고할 수 있다.

포르투갈 비노 베르데 와인은 레드 와인과 화이트 와인이 모두 존재하는데, 1,599개의 레드 와인과 4,898개의 화이트 와인을 염화물과 이산화황이라는 두 가지 화학 성분으로 이뤄진 좌표축에 도표로 표현했다(그림 3 참고).

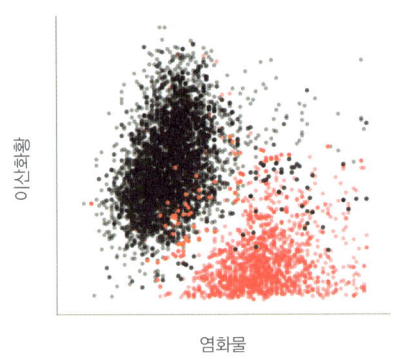

그림 3. 화이트 와인(검은 점)과 레드 와인(붉은 점)의 염화물과 이산화황 함유량

포도 껍질에 염화나트륨(소금에 함유된 성분)을 포함한 미네랄이 농축돼 있으므로 레드 와인에 염화나트륨이 많이 함유돼 있음을 알 수 있다. 포도 껍질에는 과일의 신선함을 유지하는 천연 항산화 물질도 포함돼 있다. 그 대신 화이트 와인은 보존재 역할을 하는 이산화황을 함유하고 있다. 이런 이유로 그림 3의 오른쪽 아래에는 레드 와인의 군집, 왼쪽 위에는 화이트 와인의 군집이 존재한다.

염화물과 이산화황의 함유량을 바탕으로 와인의 색을 추측하기 위해 두 화학 성분의 함유량이 비슷한 이웃 와인들의 색을 참고할 수 있다. 도표의 각 점을 이용해 이런 과정을 반복하면 레드 와인과 화이트 와인을 구별하는 경계를 그릴 수 있다(그림 2 참고). 최적합(그림 2b) 모델에서는 98% 이상의 정확도로 와인의 색을 예측할 수 있다.

7.4 이상 감지

k-NN은 단지 데이터 포인트의 그룹이나 값을 예측하는 일에만 국한되지 않으며, 사기 탐지$^{fraud\ detection}$를 비롯한 비정상을 찾아낼 수 있다. 더 나아가 이상 감지$^{Anomaly\ Detection}$ 과정을 수행하다 보면 과소평가했던 예측자를 찾아내는 등의 추가적인 통찰을 얻을 수도 있다.

데이터를 시각화할 수 있는 경우, 쉽게 이상 감지가 가능하다. 그림 3을 예로 들면 어떤 와인이 그들이 속한 군집에서 떨어져 있는지를 쉽게 알 수 있다. 그러나 데이터를 항상 2차원 도표로 시각화할 수는 없다. 특히 2개 이상의 예측 변수를 고려해야 한다면 말이다. 이런 경우에 k-NN을 비롯한 예측 모델을 사용할 수 있다.

k-NN은 데이터에 내재된 패턴을 이용해 예측하므로 예측 오차 자체가 해당 데이터 포인트가 전체적인 추세를 벗어나는 정도를 말해준다. 이런 측면에서 볼 때 예측 모델을 생성하는 모든 알고리즘을 이상 감지에도 사용할 수 있다. 예를 들어, 회귀 분석(6장)에서 이상값은 최적 추세선에서 멀리 떨어진 점으로 쉽게 찾을 수 있다.

이러한 이상값은 누락된 예측자로 인해 유발될 수도 있고, 예측 모델을 학습시킬 데이터가 충분하지 않을 때도 발생할 수 있다. 확보한 데이터 포인트가 적을수록 데이터에 내재된 패턴을 발견하기 어려우므로 모델링에 필요한 적당한 샘플 개수를 확보하는 것이 중요하다.

이렇게 이상값을 감지한 후에, 예측 모델 학습에 앞서 찾아낸 이상값을 제거할 수 있다. 이를 바탕으로 데이터의 노이즈를 줄이고 모델의 정확도를 높일 수 있다.

7.5 제약

k-NN이 간단하고 효과적이지만, 제대로 작동하지 않는 경우도 있음을 명심해야 한다.

분류 간 불균형. 예측해야 할 분류가 여러 개이고, 각 분류별 데이터 포인트의 개수에 차이가 심하다면, 가장 작은 분류에 속하는 데이터 포인트는 더 큰 분류에 가려질 수 있고, 이로 인해 분류가 잘못될 위험이 커진다. 정확도를 개선하기 위해 최다 득표 방식의 투표 대신 가중값 투표를 사용할 수 있는데, 이렇게 하면 더 가까운 이웃이 멀리 있는 이웃보다 더 큰 가중값을 얻는다.

예측자가 많을 때. 고려해야 할 예측자가 너무 많으면 다차원 공간에서 이웃을 찾아 처리하는 데 필요한 계산량이 커진다. 게다가 일부 예측자는 중복되므로 예측 정확도 향상에도 도움이 되지 않는다. 이 문제를 해결하기 위해 차원 축소(3장 참고)를 이용해 예측에 필요한 가장 강력한 예측자를 추출할 수 있다.

7.6 요약

- k-최근접 이웃(k-NN) 기법은 가장 가까운 다른 데이터 포인트들의 분류 결과를 바탕으로 데이터 포인트를 분류한다.
- k는 참고할 데이터 포인트의 개수이며, 교차검증으로 정할 수 있다.
- k-NN은 예측자의 개수가 적고, 분류의 크기가 비슷할 때 적당하다. 부정확한 분류는 이상값으로 간주할 수 있다.

08

서포트 벡터 머신

8.1 "아니요"냐, "절대 아니요!"냐?

의료 진단은 복잡하다. 여러 가지 증상을 고려해야 할 뿐만 아니라 의사의 주관적 의견에도 취약하다. 때로는 올바른 진단이 너무 늦게 내려질 때도 있다. 숨겨진 질병을 진단하기 위한 체계적인 방법 중의 하나가 바로 전체 의료 데이터베이스를 바탕으로 정확한 예측을 하도록 학습한 알고리즘을 사용하는 것이다.

8장에서는 최적의 분류 경계를 찾아내는 서포트 벡터 머신^{support vector machine, SVM}이라는 기법을 알아보고, 이를 바탕으로 환자를 두 그룹(예: '건강함'과 '위험함')으로 분류해보자.

8.2 예제: 심장병 예측

심장 질환은 선진국에서 가장 흔한 질병 중의 하나로, 심혈관이 좁아지거나 막히면 심장 마비의 위험이 커진다. 이런 상태는 의료 영상 촬영을 바탕으로 확실하게 진단할 수 있지만, 그 비용으로 인해 대부분의 사람들이 정기적으로 검진을 받기는 어렵다. 이에 대한 대안 중의 하나는 정기적인 촬영이 도움이 될 만한 사람들을 생리학적 증상을 바탕으로 추려내는 것이다.

어떤 증상이 심장병의 유무를 예측하는 데 유용한지 알기 위해 미국 병원의 환자들이 운동을 하는 동안 운동 시 최대 심장 박동 수를 비롯한 생리학적 상태를 기록했다. 그리고 이 환자들의 심장 질환 유무를 알기 위해 의료 영상을 촬영했다. 심장 박동 수 데이터와 나이를 바탕으로 SVM 예측 모델을 개발한 결과 75% 이상의 정확도로 심장 질환 유무를 예측할 수 있었다.

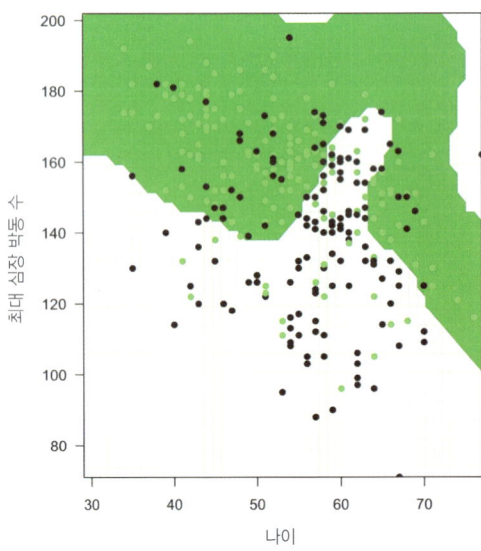

그림 1. SVM을 이용한 심장 질환 유무 예측. 어두운 녹색 영역이 건강한 환자, 회색 영역이 심장 질환을 보유한 환자를 나타낸다. 밝은 녹색 점은 건강한 성인, 검은색 점은 심장 질환자를 나타낸다.

일반적으로 심장 질환자(검은 점)는 같은 나이의 건강한 성인(녹색 점)에 비해 운동 중의 심장 박동 수가 낮았다. 그리고 55세 이상에서 질환이 더 흔하게 발생한다.

나이가 많을수록 심장 박동 수가 줄어드는 것처럼 보이지만, 60세 이상의 환자는 더 젊은 건강한 성인에 비해 심장 박동 수가 높았다. 결정 경계에 갑작스러운 호 모양이 이를 나타낸다. 곡선 패턴을 인지하는 SVM의 능력이 없었다면 이런 현상을 놓쳤을 것이다.

8.3 최적 경계 그리기

SVM의 주요 목적은 한 그룹을 다른 그룹과 분리하는 최적의 경계를 도출하는 것이다. 하지만 아래처럼 여러 가지 기능성이 있는 경우에는 이것이 말처럼 쉽지 않다(그림 2).

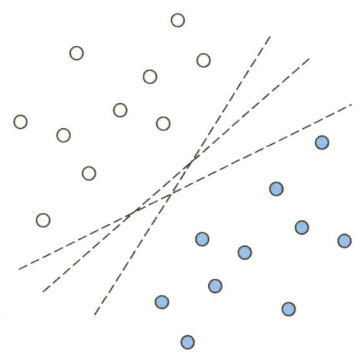

그림 2. 두 그룹을 나누는 여러 가지 방법

최적 경계를 찾으려면 우선 다른 그룹에 속한 점들과 가장 가까이에 있는 주변peripheral 데이터 포인트를 찾아야 한다. 최적 경계는 이렇게 찾아낸 두 그룹의 주변 데이터 포인트 사이의 가운데를 지난다(그림 3 참고). 이처럼 주변 데이터 포인트가 최적 경계를 발견하는 데 도움을 주므로 support 이 점들을 서포트 벡터라고도 한다.

SVM의 장점 중 하나는 계산 속도가 빠르다는 것이다. 결정 경계가 주변 데이터 포인트만으로 결정되므로 모든 데이터 포인트를 이용해 추세선을 결정하는 회귀(6장) 등의 기법에 비하면 경계를 찾는 속도가 빠르다.

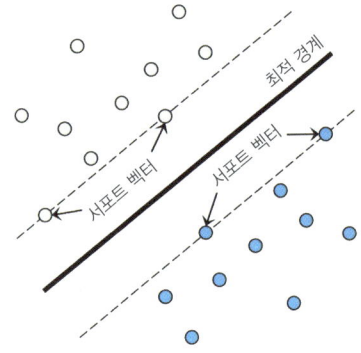

그림 3. 서로 다른 그룹에 속한 주변 데이터 포인트 사이의 가운데에 최적 경계가 위치한다.

하지만 일부 데이터에 대한 견고함은 반대로 결정 경계가 서포트 벡터의 위치에 민감하다는 것을 의미한다. 결국 경계가 학습 데이터로 샘플링된 데이터 포인트에 따라 달라진다. 더 나아가 그림 2와 그림 3처럼 데이터 포인트가 두 그룹으로 명확히 나눠지는 경우는 드물다. 실제로는 그림 1처럼 서로 다른 그룹의 데이터 포인트가 겹치는 경우가 많다.

이를 극복하기 위한 SVM 알고리즘의 핵심적 특징이 완충 지대 buffer zone 인데, 이는 특정 개수 이하의 학습 데이터 포인트가 경계를 넘어 틀린 영역으로 넘어가도록 허용하는 것이다. 이렇게 하면 이상값에 대해 좀 더 견고한 유연한 경계를 얻게 되므로 새로운 데이터에 대한 일반화에 도움을 준다.

분류 오차의 허용 정도를 결정하는 비용 파라미터^{cost parameter}를 튜닝함으로써 완충 지대를 만들 수 있다. 비용 파라미터가 클수록 오차 허용치가 커져서 완충 지대가 넓어진다. 현재 데이터와 새로운 데이터 모두에서 정확한 예측을 하는 모델을 결과로 얻기 위해 교차검증(1.4장)을 통해 비용 파라미터의 최적값을 정할 수 있다.

SVM의 또 다른 강점은 데이터에 존재하는 곡선 형태의 패턴을 찾아낼 수 있다는 점이다. 다른 기법들로도 같은 일을 할 수 있지만, 커널 트릭^{kernel trick}이라는 방법을 이용하면 복잡한 곡선 패턴을 효율적으로 찾을 수 있어서 SVM을 선호한다.

데이터 평면에 직접 곡선을 그리는 대신, SVM에서는 데이터 포인트를 직선으로 나눌 수 있는 더 높은 차원으로 데이터를 사영^{project}시킨다(그림 4). 이런 직선들은 계산하기도 쉽고, 더 낮은 차원으로 다시 사상하면 쉽게 곡선으로 변환할 수 있다.

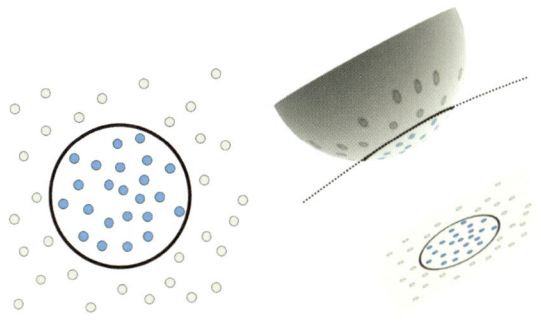

그림 4. 2차원 평면에서 푸른 원을 감싸는 원을 3차원의 구에 사상하면 직선으로 나타낼 수 있다.

이처럼 고차원의 데이터를 다룰 수 있는 SVM의 능력은 변수가 많은 데이터 세트를 분석할 때 유용하다. 일반적인 응용 분야로는 유전 정보 해석과 텍스트의 감정을 평가하는 예를 들 수 있다.

8.4 제약

SVM이 용도가 많고 속도도 빠른 예측 도구이지만, 몇 가지 경우에서는 제대로 동작하지 않을 수 있다.

작은 데이터 세트. SVM은 서포트 벡터에 의지해 경계를 결정하므로 샘플이 적으면 정확한 경계를 얻기 어렵다.

다중 그룹. SVM은 한 번에 2개의 그룹만 분류할 수 있다. 그룹의 수가 둘보다 많다면, 다중 클래스 SVM이라는 기법을 이용해 각 그룹을 나머지 그룹과 구별할 수 있도록 SVM을 반복해야 한다.

그룹 간의 중첩이 큰 경우. SVM은 데이터 포인트가 경계의 어느 쪽에 위치하는지를 바탕으로 데이터 포인트를 분류한다. 두 그룹의 데이터 포인트 간에 중첩이 크다면, 경계 근처의 데이터 포인트는 잘못 분류될 가능성이 커진다. 게다가 SVM은 각 데이터 포인트가 잘못 분류됐을 확률을 추가로 제공하지 않는다. 대신 데이터 포인트로부터 결정 경계까지의 거리를 바탕으로 분류 정확도를 가늠할 수 있다.

8.5 요약

- 서포트 벡터 머신^{SVM}은 두 그룹의 주변 데이터 포인트(서포트 벡터) 사이의 가운데를 따라 경계선을 그림으로써 데이터 포인트를 두 그룹으로 분류한다.
- SVM은 이상값에 대해 견고함을 얻기 위해 특정 개수 이하의 학습 데이터 포인트가 경계를 넘어 틀린 영역으로 넘어가도록 허용하는 완충 지대를 이용한다. 이에 더해 곡선 형태의 경계를 효율적으로 도출하고자 커널 트릭을 이용한다.
- SVM은 샘플이 많은 데이터 포인트를 두 그룹으로 나눌 때 가장 유용하다.

09 의사결정 트리

9.1 재앙에서 살아남을지 예측하기

재앙이 닥치면 여자나 아이들처럼 특정 그룹에 속하는 사람들이 우선적으로 구조될 기회를 얻으므로 생존율도 더 높다. 이런 경우에 의사결정 트리^{decision tree}를 이용하면 각 그룹의 생존 여부를 예측할 수 있다.

의사결정 트리는 가능한 대답이 두 가지(예를 들어, "예"와 "아니요")뿐인 일련의 이진 질의^{binary question}를 바탕으로 생존율을 예측한다. 루트 노드^{root node}에 해당하는 최상위 질문부터 시작해 질문에 대한 대답을 따라 트리의 가지를 타고 이동하다 보면 결국 생존율 예측값을 나타내는 리프 노드^{leaf node}에 이르게 된다.

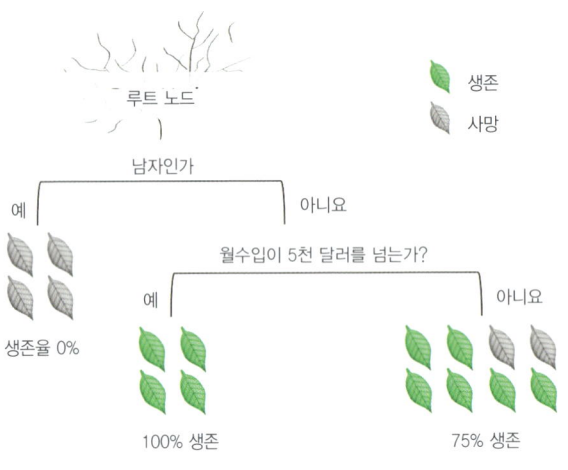

그림 1. 의사결정 트리의 예

9.2 예제: 타이타닉 탈출하기

의사결정 트리를 이용해 생존율을 평가하는 예를 보여주기 위해 영국 무역위원회에서 수집한 불운의 여객선 타이타닉의 승객 정보를 이용해 어떤 유형의 승객이 생존 가능성이 높은지를 확인했다. 그림 2는 승객의 생존율을 예측하기 위해 만든 의사결정 트리를 보여준다.

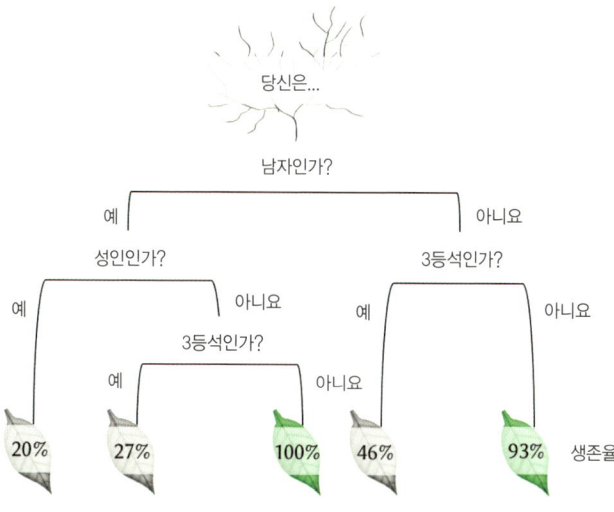

그림 2. 가라앉는 타이타닉에서 생존할 수 있을지를 예측하는 의사결정 트리

의사결정 트리에서 쉽게 알 수 있듯이 3등석 객실에 탑승하지 않은 남자아이나 여자가 타이타닉에서 구조될 확률이 높다.

의사결정 트리의 용도는 매우 다양하다. 의료 진단에서 생존율을 예측하거나, 잠재적으로 퇴직할 확률이 높은 직원을 찾거나, 범죄가 의심되는 거래를 감지하는 등의 광범위한 분야에 사용할 수 있다. 이에 더해 범주형 그룹핑(예: 남자 혹은 여자)과 연속형값(예: 수입액)에 대한 질문을 처리할 수 있다. 연속형값도 그룹으로 표현할 수 있다는 점을 알아두자. 예를 들어, 평균 이상과 이하로 나눌 수 있다.

일반적인 의사결정 트리는 각 가지마다 '예'나 '아니요'처럼 2개의 대답만이 가능하다. 3개 이상의 대답('예'와 '아니요', '때때로' 처럼)을 원한다면 트리 아래쪽으로 가지를 추가하면 된다(그림 3).

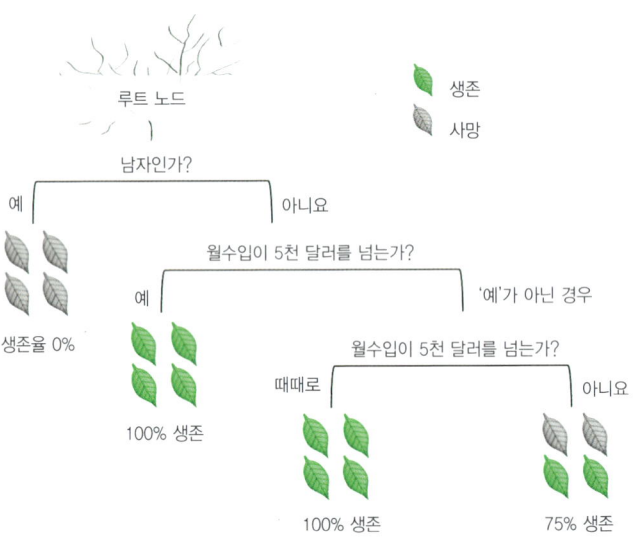

그림 3. 의사결정 트리에서 다중 범주 테스트하기

의사결정 트리를 많이 사용하는 이유 중 하나가 이처럼 해석하기 쉽기 때문이다. 그렇다면, 의사결정 트리를 어떻게 만드는가?

우선 모든 데이터 포인트를 둘로 나눠 유사한 데이터 포인트를 함께 묶고, 이와 같은 이진 분할 과정을 각 그룹 안에서 반복해 의사결정 트리를 키워나간다. 결과적으로 만들어지는 각 리프 노드는 동질성이 높은 적은 수의 데이터 포인트를 포함한다. 이처럼 의사결정 트리의 기본 원리는 같은 경로를 따라 내려가는 데이터 포인트는 서로 유사할 가능성이 높다는 것이다.

이처럼 동질성 높은 그룹을 얻고자 데이터 분할을 반복하는 과정을 재귀적 파티셔닝recursive partitioning이라고 하며, 다음과 같은 두 단계로 이뤄진다.

- 1단계: 데이터 포인트를 가장 동질성 높은 두 그룹으로 나눌 수 있는 이진 질의를 찾는다.
- 2단계: 종료 조건을 만족할 때까지 각 리프 노드에서 1단계를 반복한다.

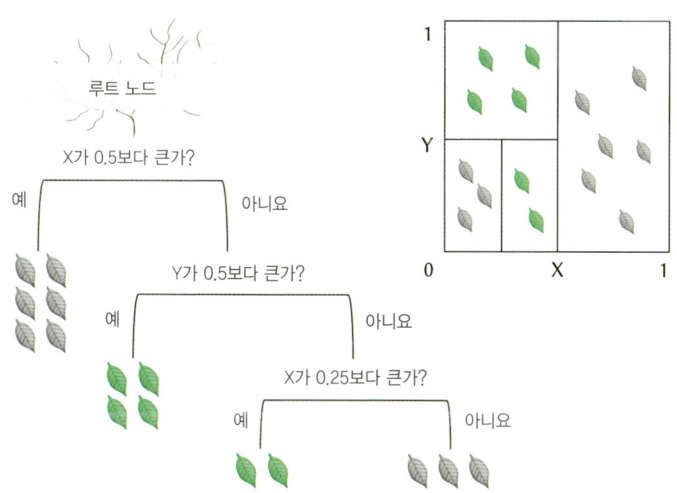

그림 4. 의사결정 트리의 데이터 포인트 파티셔닝을 가시화한 산포도

종료 조건에는 다음과 같은 여러 가지 방법이 있는데, 교차검증(1.4장)으로 선택할 수 있다.

- 각 리프 노드에 속하는 데이터 포인트가 같은 예측 범주에 속하거나 같은 값일 때 종료한다.
- 리프가 5개 이하의 데이터 포인트를 포함하면 종료한다.
- 더 이상의 가지치기가 동질성을 최소 임계값 이상으로 증가시키지 못하면 종료한다.

재귀적인 파티셔닝은 최적의 이진 질의만을 사용해 의사결정 트리를 키워가므로 중요도가 낮은 변수의 영향은 줄어든다. 더 나아가 이진 질의는 중심값 부근에서 데이터 포인트를 분할하므로 의사결정 트리는 이상값에 대해 견고하다.

9.3 제약

의사결정 트리는 해석하기 쉽지만, 다음과 같은 단점이 있다.

불안정성. 데이터 포인트를 동질한 그룹으로 분할하는 과정을 바탕으로 의사결정 트리를 키워나가므로 데이터에 약간의 변화만 생겨도 분할 결과가 달라져서 전혀 다른 트리가 만들어질 수 있다. 또한 의사결정 트리는 매번 데이터 포인트를 가장 잘 나눌 수 있는 방법을 추구하므로 과적합에 취약하다(1.3장 참고).

부정확성. 맨 처음에 데이터를 가장 잘 분할하는 이진 질의로 시작해도 최상의 정확도를 보장하진 않는다. 때로는 처음에 덜 효과적인 분할이 더 나은 예측으로 이어질 수도 있다.

이런 제약을 극복하기 위해 매번 최적의 분할을 하는 대신, 트리를 다양한 방식으로 키워갈 수 있다. 이렇게 한 후에 여러 트리의 예측 결과를 종합하면 결과의 안정성과 정확성을 높일 수 있다.

트리를 다양화하는 데는 두 가지 방법이 있다.

- 첫 번째 방법은 이진 질의를 랜덤하게 선택해 트리를 여러 가지로 만든 후, 여러 트리의 예측 결과를 종합하는 것이다. 이 기법을 랜덤 포레스트(10장 참고)라고 한다.
- 두 번째 방법은 이진 질의를 랜덤하게 선택하지 않고, 하위 트리의 예측 정확도가 점점 증가하도록 전략적으로 이진 질의를 선

택한다. 그리고 모든 트리의 예측 결과의 가중값 평균을 구한다. 이런 기법을 점진적 부스팅$^{\text{gradient boosting}}$이라 한다.

랜덤 포레스트와 점진적 부스팅으로 더 정확한 예측을 할 수 있지만, 그 복잡성으로 인해 해답을 가시화하기 어렵고, 블랙박스로 여겨진다. 이런 이유로 의사결정 트리는 여전히 분석에 많이 사용된다. 시각화가 쉬우면 예측자와 그들 사이의 상호작용을 간단히 평가할 수 있기 때문이다.

9.4 요약

- 의사결정 트리는 일련의 이진 질의를 바탕으로 예측한다.
- 종료 조건이 만족될 때까지 재귀적 파티셔닝을 통해 데이터 샘플을 반복적으로 분할해 동질한 그룹을 얻는다.
- 의사결정 트리는 사용하기 쉽고 이해하기도 쉽지만, 과적합으로 인해 일관되지 않은 결과를 얻을 수 있다. 이런 문제를 최소화하기 위해 랜덤 포레스트 등의 대안적 기법을 사용할 수 있다.

10
랜덤 포레스트

10.1 대중의 지혜

틀린 것들이 여럿 모이면 맞는 것이 될 수 있을까?

그렇다!

직관에는 반하지만 가능한 일이다. 특히, 좋은 예측 모델을 만들 때는 이런 일을 기대하기도 한다.

이러한 주장은 틀린 예측에는 여러 가지 경우가 있지만, 맞는 예측은 하나뿐이라는 사실에서 비롯된다. 서로 다른 강점과 약점을 갖는 모델을 통합하면 올바른 예측은 서로를 강화하고, 틀린 예측은 서로를 상쇄하는 경향이 있다. 이처럼 모델을 종합해 예측 정확도를 개선하는 방법을 앙상블^{ensemble}이라 한다.

의사결정 트리(9장 참고)의 앙상블인 랜덤 포레스트에서도 이런 현상을 관찰할 수 있다. 랜덤 포레스트가 이를 구성하는 각각의 트리보다 얼마나 나은지를 보여주기 위해 미국 도시의 범죄를 예측하는 의사결정 트리 1,000개를 만들고, 이 트리 1,000개를 이용한 랜덤 포레스트와 이를 구성하는 트리 1,000개 각각의 평균 예측 정확도를 비교했다.

10.2 예제: 범죄 예측

샌프란시스코 경찰청에서 공개한 데이터에 따르면 2014년부터 2016년까지 발생한 범죄의 지역과 날짜, 범죄의 심각성에 대한 정보를 알 수 있다. 연구 결과에 따르면 더운 날에 도시 범죄율이 증가한다고 하는데, 이를 확인하기 위해 같은 기간 동안의 일별 온도와 강수량 데이터도 수집했다.

인력과 자원 부족으로 인해 범죄가 예측되는 모든 곳에 경찰이 추가로 순찰을 강화할 수 없다고 가정했다. 따라서 일별 강력 범죄 발생률 중 상위 30%에 해당하는 지역을 찾아내도록 예측 모델을 프로그래밍해, 해당 지역에 우선적으로 순찰을 강화할 수 있게 했다.

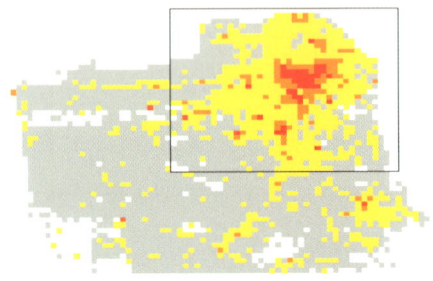

그림 1. 범죄 빈도를 보여주는 샌프란시스코의 히트 맵 (heat map). 회색은 빈도가 매우 낮음, 노란색은 낮음, 주황색은 보통, 붉은색은 높음을 의미함.

앞의 분석에 따르면, 도시의 북서부(그림 1의 사각형) 지역에서 주로 범죄가 발생하므로 자세한 분석을 위해 해당 지역을 더 작은 영역인 900피트 곱하기 700피트(260m 곱하기 220m) 넓이로 나눴다.

범죄가 언제 어디서 일어나는지를 예측하기 위해 범죄 데이터와 날씨 데이터를 바탕으로 1,000개의 가능한 의사결정 트리를 만들고, 이 의사결정 트리를 종합해 랜덤 포레스트를 만들었다. 2014부터 2015까지의 데이터를 이용해 예측 모델을 학습시켰고, 2016(1월부터 8월까지) 데이터를 이용해 모델의 정확도를 테스트했다.

어떻게 해야 범죄를 잘 예측할 수 있을까?

랜덤 포레스트 모델은 폭력 범죄의 72%(거의 4/3)를 성공적으로 예측했다. 이는 의사결정 트리 1,000개의 평균 정확도 67%에 비하면 우수하다는 것을 알 수 있다(그림 2 참고).

개별 트리 1,000개 중 12개만이 랜덤 포레스트보다 나은 정확도를 보여준다는 점에서 랜덤 포레스트의 예측이 개별 의사결정 트리보다 정확하다는 것을 99% 확신할 수 있다.

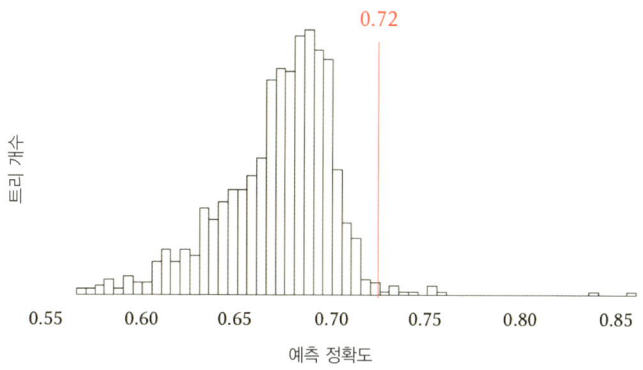

그림 2. 의사결정 트리를 종합해 만든 랜덤 포레스트의 정확도(72%) 대비 의사결정 트리 1,000개의 예측 정확도(평균 67%)를 보여주는 히스토그램(histogram)

그림 3은 4일에 걸친 랜덤 포레스트의 예측 결과 샘플을 보여준다. 우리 예측에 따르면 경찰은 붉은색 영역에 더 많은 자원, 회색 영역에 더 적은 자원을 할당해야 한다. 전통적으로 범죄율이 높은 곳에 순찰을 늘려야 한다는 것은 당연한 예측이지만, 랜덤 포레스트 모델은 이에 그치지 않고 붉은 영역이 아닌 곳의 범죄 가능성도 알려준다. 예를 들어, 4일째(오른쪽 아래 도표)에 앞서 3일간 범죄가 발생하지 않은 회색 영역의 범죄도 정확히 예측했다.

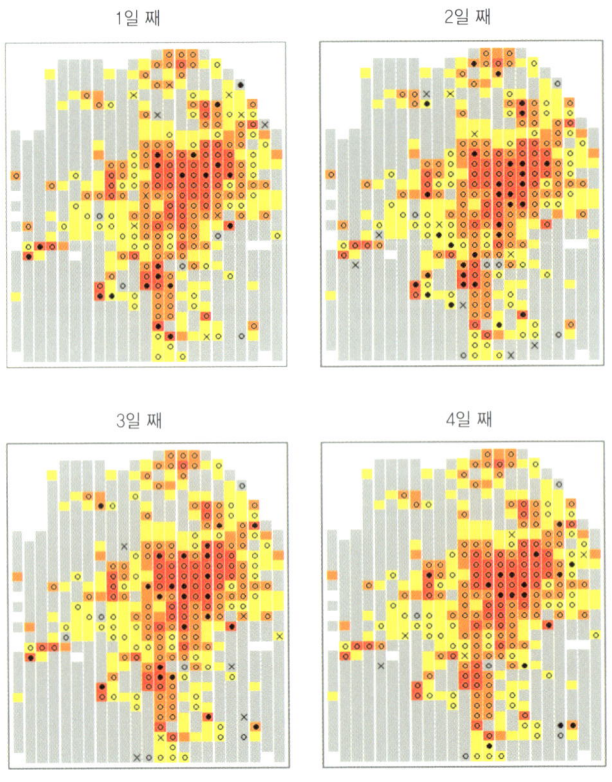

그림 3. 2016년의 연이은 4일간의 범죄 예측. 원은 폭력 범죄 발생이 예측된 곳. 실선으로 그려진 원은 올바르게 예측한 곳을 나타낸다. 가위 표시는 폭력 범죄가 실제로 발생했으나 예측하지 못한 곳을 의미한다.

랜덤 포레스트 모델은 어떤 변수가 예측 정확도에 가장 큰 기여를 했는지도 알려준다. 그림 4의 도표에 따르면 범죄를 가장 잘 예측하는 변수는 범죄 빈도와 위치 1년 중 일자, 일별 온도다.

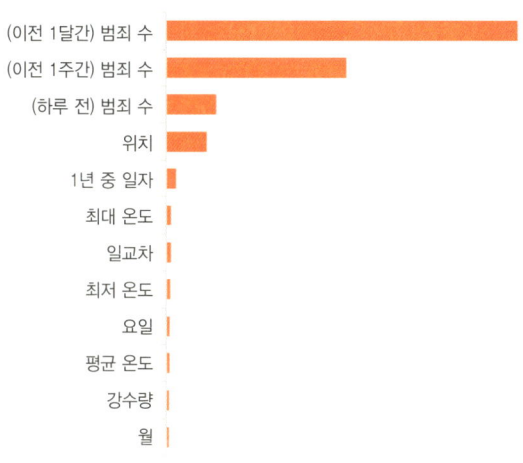

그림 4. 랜덤 포레스트의 범죄 예측에 기여하는 상위 변수

이제 랜덤 포레스트가 범죄같이 복잡한 현상을 예측하는 데 얼마나 효과적인지를 알게 됐다. 그렇다면, 랜덤 포레스트는 어떻게 동작할까?

10.3 앙상블

랜덤 포레스트는 의사결정 트리의 앙상블이다. 앙상블은 서로 다른 모델 여러 개의 예측 결과를 종합해 만들어지는 예측 모델을 일컫는 용어이며, 흔히 최다 득표 투표나 평균을 이용한다.

그림 5에서 최다 득표 투표 방식으로 만들어진 앙상블이 각각의 구성 모델보다 정확한 예측을 하는 이유를 알 수 있다. 이는 올바른 예측은

서로를 강화하고, 오차는 서로를 상쇄하기 때문이다. 그러나 이런 효과를 거두려면 앙상블에 포함된 모델들이 같은 종류의 오류를 일으키면 안 된다. 다시 말해 모델이 서로 상관관계가 없어야 한다.

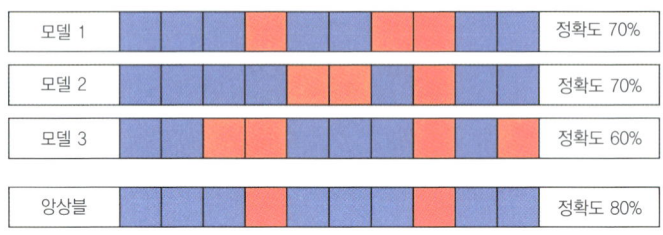

그림 5. 푸른색과 파란색으로 이뤄진 결과 10개를 예측하는 개별 모델 3개. 정답은 모든 출력이 푸른색이어야 함. 최다 득표 투표 방식으로 3개 모델을 종합해 만든 앙상블의 정확도가 80%로 가장 높음.

이처럼 서로 상관관계가 없는 의사결정 트리를 생성하는 체계적인 방법이 바로 부트스트랩 집계bootstrap aggregating다.

10.4 부트스트랩 집계

9장에서 의사결정 트리를 만드는 과정을 설명할 때 최적의 변수를 이용해 데이터 세트를 반복적으로 하위 트리로 분할한다고 설명했다. 그러나 의사결정 트리는 과적합(1.3장 참고)의 위험이 있으므로 최적의 변수 조합을 찾기가 어렵다.

이를 극복하려면 변수의 조합과 순서를 랜덤하게 선택해 여러 개의 의사결정 트리를 만들고, 여러 트리의 결과를 집계해 랜덤 포레스트를 만들어야 한다.

부트스트랩 집계(배깅bagging)는 서로 적절히 다른 수천 개의 의사결정 트리를 만들 때 사용한다. 트리 간에 최소한의 상관관계를 보장하기 위해 각 트리는 학습 데이터에서 랜덤하게 골라낸 부분 집합과 예측 변수 중에서 랜덤하게 선택한 부분 집합을 사용한다. 그 덕분에 서로 다르면서도 어느 정도의 예측력을 지니는 모델들을 만들 수 있다. 그림 6은 트리의 각 분할 단계에서 예측 변수를 제한하는 방법을 보여준다.

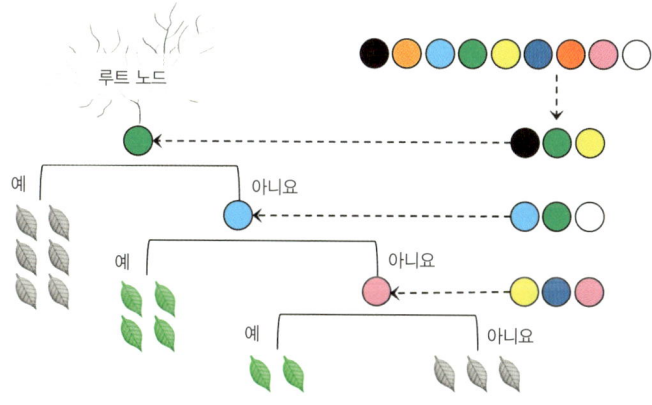

그림 6. 부트스트랩 집계를 이용한 의사결정 트리 생성

그림 6에는 서로 다른 색으로 표현된 예측 변수 9개가 존재한다. 각 분할 단계에서 9개의 예측자 중 랜덤하게 샘플링해 부분 집합을 선택하고, 그 부분 집합 중에서 의사결정 트리 알고리즘이 최적의 변수를 선택한다.

각 분할 단계에서 사용할 수 있는 예측자를 제한함으로써 유사성이 적은 트리를 만들어 과적합을 방지할 수 있다. 과적합을 더 줄이려면 랜덤 포레스트에 포함된 트리 개수를 늘려 일반성과 정확도를 개선할 수 있다.

10.5 제약

완벽한 모델은 없다. 랜덤 포레스트 모델을 사용할지 여부를 결정하려면 예측력과 결과 해석의 용이성 사이를 저울질해야 한다.

해석하기 어려움. 랜덤 포레스트는 랜덤하게 생성한 의사결정 트리로 구성되는데다 결과를 끌어내는 규칙이 명확하지 않아 블랙박스로 여겨진다. 예를 들어, 랜덤 포레스트가 어떤 곳에서 범죄의 발생을 예측했다면, 랜덤 포레스트를 구성하는 트리의 대부분이 같은 결론을 냈다는 사실 말고는 결과가 유도된 과정을 알 수 없다. 이처럼 결과가 정해지는 과정이 명확하지 않으므로 의료 진단을 비롯한 일부 분야에서는 도덕적 문제를 야기할 수 있다.

그러나 랜덤 포레스트는 구현이 간단해 널리 사용된다. 특히, 결과 해석의 용이성보다 예측 정확도가 중요한 경우에 효과적이다.

10.6 요약

- 랜덤 포레스트는 부트스트랩 집계와 앙상블이라는 두 가지 기법을 활용해 의사결정 트리보다 더 나은 예측을 할 수 있다.
- 부트스트랩 집계는 분할 과정에서 사용할 수 있는 변수를 랜덤하게 제한함으로써 상관관계가 낮은 일련의 의사결정 트리를 생성해내는 기법이고, 앙상블은 여러 의사결정 트리의 예측을 종합하는 것이다.
- 랜덤 포레스트의 예측 결과는 해석하기 어렵지만, 예측 정확도에 기여한 예측자의 순위를 알 수 있다.

11 신경망

11.1 두뇌 흉내 내기

그림 1을 보고 무엇인지 맞춰보자.

그림 1. 이게 뭘까?

비정상적으로 뚱뚱하지만 여러분은 이것이 기린이라는 것을 쉽게 알 수 있다. 인간의 두뇌는 약 800억 개의 뉴런^{neuron}으로 이뤄진 네트워크이며, 그 덕분에 우리가 예전에 봤던 것과는 다른 형태로 표현된 객체도 인식할 수 있다. 이러한 뉴런들의 상호작용으로 입력 신호(기린의 사진)를 레이블('기린')로 변환하며, 신경망^{neural networks}은 이러한 원리를 바탕으로 착안됐다.

신경망은 자동화된 이미지 인식의 근간을 이루며, 이것에서 파생된 기술들은 속도와 정확도 면에서 인간을 능가하는 성능을 보여준다. 최근 신경망이 큰 인기를 끄는 세 가지 핵심적인 이유는 다음과 같다.

- 데이터 저장과 공유 방식의 진보. 그 덕분에 신경망 학습에 필요한 데이터가 많이 제공됐고, 이는 성능 향상으로 이어진다.
- 컴퓨팅 파워 증가. 중앙 처리 장치^{central processing units, CPU}보다 150배 빠른 그래픽 처리 장치^{graphics processing units, GPU}는 원래 게임 분야에서 고품질 컴퓨터 이미지를 표현하기 위해 사용됐지만, 대규모 데이터 세트를 이용해 신경망을 학습할 때 중요한 엔진 역할을 할 수 있다는 것이 밝혀졌다.
- 개선된 알고리즘. 기계가 인간 두뇌의 성능을 따라잡는 일은 지금까지 난제로 남아 있었지만, 그 성능을 크게 향상시킬 수 있는 여러 가지 기법이 개발됐다. 이 중 몇 가지를 11장에서 다룬다.

자동 이미지 인식은 신경망의 능력을 보여주기에 제격인데, 영상 관제와 자동 항법 등을 포함한 다양한 분야에 적용되고 있다. 스마트폰 애플리케이션에서도 필기 인식이 가능할 정도다. 이제 이를 위해 신경망을 학습하는 방법을 알아보자.

11.2 예제: 수기 숫자 인식

국가표준기술위원회Mixed National Institute of Standards and Technology, MNIST에서 제공하는 수기 숫자 이미지를 학습 데이터로 사용한다. 그림 2에서 숫자들을 볼 수 있다.

그림 2. MNIST 데이터베이스의 수기 숫자

기계가 이미지를 읽으려면 우선 픽셀로 변환해야 한다. 그림 3과 같이 검은 픽셀은 '0'으로, 흰색 픽셀은 '1'로 표현한다. 이미지가 컬러 이미지라면 적색과 녹색, 청색(RGB)의 색조값을 이용할 수 있다.

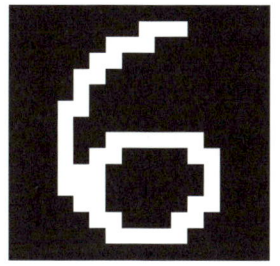 

그림 3. 이미지를 픽셀로 변환하기

이미지를 양자화한 후 신경망에 전달한다. 네트워크에 수기 숫자 이미지 10,000개와 각 이미지가 나타내는 실제 숫자의 레이블을 함께 제공한다. 이렇게 이미지와 그에 상응하는 레이블을 학습시킨 후, 레이블이 없는 새로운 이미지 1,000개를 인식하는지 테스트한다.

신경망은 1,000개의 수기 숫자 중 922개를 올바르게 라벨링해 92.2%의 정확도를 보여준다. 그림 4의 분할표^{contingency table}에서 인식 오류를 확인할 수 있다.

예측된 숫자

		0	1	2	3	4	5	6	7	8	9	합계	%
실제 숫자	0	84	0	0	0	0	0	1	0	0	0	85	99
	1	0	125	0	0	0	0	1	0	0	0	126	99
	2	1	0	105	0	0	0	0	4	5	1	116	91
	3	0	0	3	96	0	6	0	1	0	1	107	90
	4	0	0	2	0	99	0	2	0	2	5	110	90
	5	2	0	0	5	0	77	1	0	1	1	87	89
	6	3	0	1	0	1	2	80	0	0	0	87	92
	7	0	3	3	0	1	0	0	90	0	2	99	91
	8	1	0	1	3	1	0	0	2	81	0	89	91
	9	0	0	0	0	1	0	0	6	2	85	94	90
	합계	91	128	115	104	103	85	85	103	91	95	1000	92

그림 4. 신경망의 성능을 요약해 보여주는 분할표. 첫 번째 행에서 숫자 '0'의 이미지 85개 중 84개를 올바로 인식했고, 하나를 '6'으로 오인식한 것을 볼 수 있다. 마지막 열은 정확도를 나타낸다.

그림 4에서 숫자 '0'과 '1'의 수기 이미지는 거의 항상 올바로 인식되지만, 숫자 '5'의 이미지가 인식하기에 가장 어려움을 알 수 있다. 이제 오인식된 숫자를 자세히 살펴보자.

숫자 '2'는 8%의 확률로 '7'이나 '8'로 오인식된다. 사람의 눈은 그림 5의 숫자를 쉽게 인식하지만, 신경망은 숫자 '2'의 꼬리에 해당하는 특징 등에 영향을 받는다. 흥미롭게도 신경망이 숫자 '3'과 '5'를 혼동한다는 점도 알 수 있다(그림 6 참고).

이러한 실수에도 불구하고 신경망은 전체적인 정확도를 유지함과 동시에 사람보다 훨씬 빠르게 동작한다.

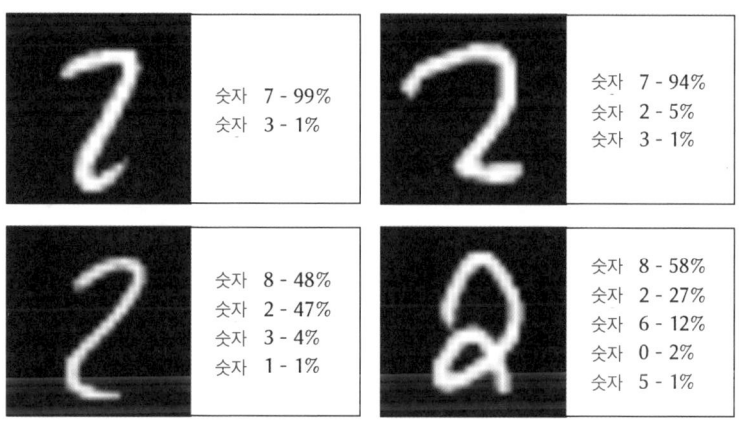

그림 5. 숫자 '2'의 오인식

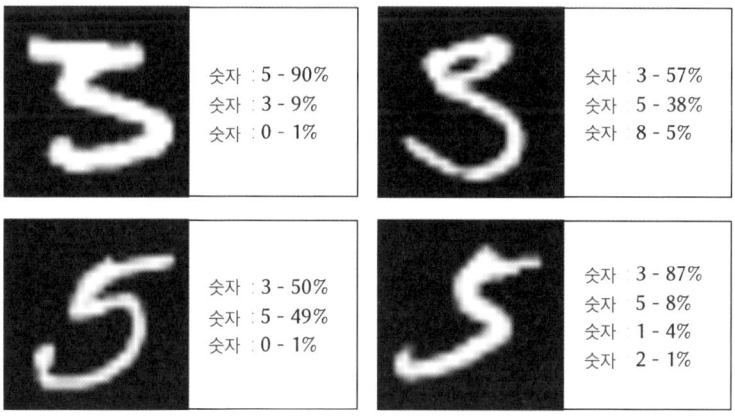

그림 6. 숫자 '3'과 '5'의 오인식

11.3 신경망의 구성 요소

수기 숫자를 인식하기 위해 신경망은 뉴런으로 이뤄진 여러 레이어^{layer}를 거쳐 이미지를 처리하고 예측 결과를 계산한다.

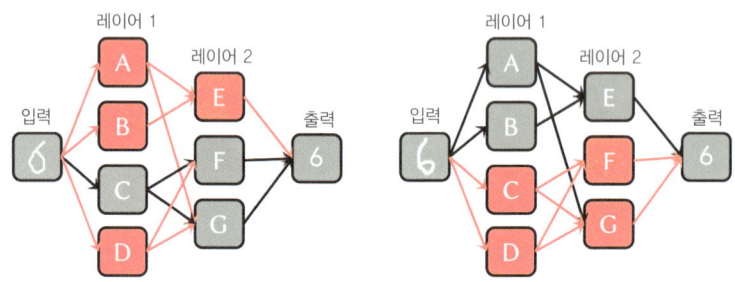

그림 7. 다른 두 입력에 대해 같은 결과를 출력하는 신경망. 활성화된 뉴런은 붉게 표시함.

그림 7은 숫자 '6'의 서로 다른 수기 이미지를 입력으로 받았을 때, 각기 다른 뉴런의 활성화 경로를 통해 동일한 예측을 하는 신경망을 보여준다. 활성화된 뉴런의 특정한 조합은 한 가지 예측 결과로 이어지지만, 특정 예측 결과는 여러 가지 활성화된 뉴런의 조합으로 야기될 수 있다.

일반적인 신경망의 구성은 다음과 같다.

- **입력 계층**. 입력된 이미지의 모든 픽셀을 처리하는 레이어. 이미지에 포함된 뉴런의 개수와 같은 수의 뉴런을 포함한다. 그림 7에서는 단순한 설명을 위해 여러 뉴런을 하나의 노드로 압축해 표현했다.

  더 나은 예측을 위해 컨볼루션 레이어^{convolution layer}를 사용할 수 있다. 각 픽셀을 따로 처리하는 대신, 컨볼루션 레이어는 픽셀의 조합을 바탕으로 특징을 찾는다. 예를 들어, 숫자 '6'에는 원이나 위쪽을 향하는 꼬리 모양이 존재한다. 이러한 분석 방식은 특징의 위치가 아니라 존재 여부에만 의존적이므로 핵심적인 특징이 가운데에서 빗겨나 존재해도 신경망이 숫자를 인식할 수 있다. 이런 성질을 일컬어 위치 불변성$^{\text{translational invariance}}$이라 한다.

- **은닉 레이어**$^{\text{hidden layer}}$. 픽셀이 신경망에 입력된 후, 여러 레이어를 거쳐 네트워크가 각 레이블에 대해 예전에 학습했던 이미지와의 유사성을 계산하는 변환을 수행한다. 좀 더 높은 정확도를 위해 더 많은 변환을 사용할 수 있지만, 처리 시간이 길어진다. 하지만 일반적으로 적은 수의 레이어만으로도 충분하다. 각 레이어의 뉴런 개수는 이미지에 포함된 픽셀 개수에 비례해야 한다. 앞 절의 예에서 사용한 은닉 레이어는 500개의 뉴런을 포함한다.

- **출력 레이어**. 최종 예측을 표현하는 레이어로써 가능한 출력의 개수에 따라 하나 또는 그 이상의 뉴런으로 구성된다.

- **손실 레이어**$^{\text{loss layer}}$. 그림 7에는 없지만, 신경망을 학습시키는 동안에는 손실 레이어가 필요하다. 손실 레이어는 일반적으로 끝에 위치하며, 입력이 제대로 인식됐는지의 여부에 따라 오차의 정도에 대한 피드백^{feedback}을 출력한다.

손실 레이어는 신경망 학습에서 핵심적인 역할을 한다. 올바른 예측을 한 경우에는 손실 계층의 피드백으로 인해 예측에 영향을 미친 활성화 경로상의 뉴런을 강화한다. 잘못된 예측을 한 경우, 활성화 경로상의 뉴런으로 오차가 전달돼 오차를 줄이는 방향으로 활성화 기준을 재조정한다. 이런 과정을 역전파^{backpropagation}라고 한다.

이러한 반복적인 학습 과정에서 신경망은 입력 신호와 올바른 출력 레이블 사이의 연관 관계를 학습하며, 학습된 연관 관계는 각 뉴런에 활성화 규칙$^{activation\ rule}$이라는 형태로 프로그래밍된다. 따라서 신경망의 정확도를 높이려면 활성화 규칙에 영향을 미치는 구성 요소를 튜닝해야 한다.

11.4 활성화 규칙

결과를 예측하기 위해 신경 경로상의 뉴런이 차례로 활성화돼야 한다. 각 뉴런의 활성화는 활성화 규칙으로 결정되는데, 활성화 규칙이란 뉴런이 활성화되는 데 필요한 입력 신호의 출처와 강도를 규정한다. 신경망 학습 과정에서 이 규칙이 미세하게 튜닝된다$^{fine-tuned}$.

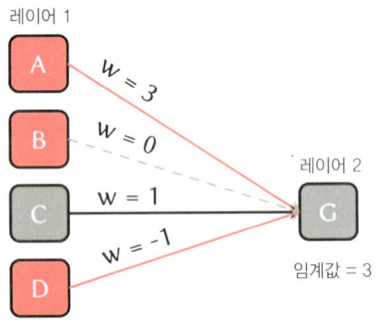

그림 8. 뉴런 활성화 규칙의 예

그림 8은 그림 7의 첫 번째 경우에 뉴런 G의 활성화 규칙을 보여준다. 학습이 진행되면서 신경망은 뉴런 G가 이전 레이어의 뉴런 A, C, D와 연관돼 있다는 것을 학습한다. 따라서 세 뉴런 중 하나라도 활성화되면 뉴런 G에 입력 신호가 전달된다.

연관 관계는 강도가 각기 다른데, 그 강도를 가중값이라 하고 w로 표기한다. 예를 들어, 그림 8을 보면 뉴런 A가 활성화됐을 때 G로 보내는 신호의 강도(w = 3)가 뉴런 C가 활성화됐을 때 보내는 신호의 강도(w = 1)보다 강하다. 이 연관 관계에는 방향성이 있다. 예를 들어, 뉴런 D(w = −1)가 활성화되면 G로 전달되는 입력 신호는 감소한다.

뉴런 G로 들어오는 입력 신호의 총량을 결정하기 위해 G에 연관된 활성화 뉴런의 가중값을 모두 더한다. 이렇게 입력된 신호가 정해진 임계값보다 크면 뉴런 G가 활성화된다. 그림 8에서 입력 신호의 총 세기는 2(3 + (−1))이고, 뉴런 G의 임계값이 3이므로 G는 활성화되지 않는다.

이처럼 가중값과 임계값을 적당한 값으로 학습하는 일은 정확한 예측을 위해 좋은 활성화 규칙을 만드는 데 필수적이다. 이에 더불어 은닉 레이어의 개수와 각 레이어의 뉴런 개수를 비롯해 신경망의 다른 파라미터도 튜닝이 필요하다. 이런 파라미터를 최적화하기 위해 기울기 하강법(6.3장 참고)을 사용할 수 있다.

11.5 제약

인간 두뇌를 흉내 낸다는 잠재성에도 불구하고, 신경망에는 여러 가지 단점이 존재한다. 그리고 이를 극복하기 위한 여러 가지 기법이 개발됐다.

샘플 크기가 커야 함. 신경망의 복잡성 덕분에 입력에 존재하는 미묘한 특징도 인식할 수 있지만, 그렇게 하려면 학습할 데이터가 많이 필요하다. 학습 데이터가 너무 적으면 과적합(1.3장 참고)이 발생할 수 있다.

그러나 더 많은 학습 데이터를 얻기 어려운 경우라면, 과적합의 위험을 줄이기 위해 다음과 같은 기법을 사용할 수 있다.

- **서브 샘플링**^{subsampling}. 노이즈에 대한 뉴런의 민감도를 낮추기 위해 서브 샘플링을 이용해 네트워크의 입력을 부드럽게 만들 수 있다. 여러 방법 중 하나로 신호의 샘플로부터 평균을 취할 수 있다. 입력이 이미지인 경우에는 이미지 크기를 줄이거나 RGB 채널 간의 대비를 낮출 수 있다.

- **왜곡**^{distortion}. 학습 데이터가 부족하다면 각 이미지에 왜곡을 가해 더 많은 데이터를 만들어낼 수 있다. 이렇게 왜곡을 가한 새로운 이미지를 새로운 입력으로 취급하면 학습 데이터의 크기를 늘릴 수 있다. 이때 사용하는 왜곡은 원래 데이터 세트에 존재할 만한 왜곡이어야 한다. 수기 숫자를 예로 들면 사람이 기울여서 쓰는 경우를 흉내 내기 위해 이미지를 회전하거나, 손의 근육이 의도치 않게 떨리는 것을 흉내 내기 위해 특정 지점을 늘이거나 찌그러뜨릴 수 있다(이를 탄성 변형^{elastic deformation}이라 한다).

- **드롭아웃**^{dropout}. 학습할 예제의 수가 적은 경우에 각 뉴런이 다른 뉴런과의 연관 관계를 형성할 가능성이 작아지고, 적은 수의 뉴런 군집 간 의존성이 과도하게 커짐에 따라 과적합이 발생한다. 이에 대처하기 위해 무작위하게 선택한 절반 정도의 뉴런을 학습에서 제외시킨다. 이렇게 제외된 뉴런은 비활성화되고, 나머지 뉴런들은 제외된 뉴런이 존재하지 않았던 것처럼 동작한다. 그리고 다음 학습 이터레이션에서는 다른 뉴런 집합이 제외된다. 드롭아웃은 이런 방식으로 뉴런들이 더 다양한 조합으로 함께 일하도록 강제하고, 결국 학습 데이터에서 더 많은 특징을 발견하게 한다.

계산이 복잡하다. 수천 개의 뉴런으로 구성된 신경망을 학습시키는 일은 오랜 시간이 걸릴 수 있다. 가장 손쉬운 해결 방법은 컴퓨터 하드웨어를 업그레이드하는 것이지만, 비용이 든다. 다른 대안으로는 약간의 예측 정확도 저하를 대가로 처리 속도를 크게 개선할 수 있도록 알고리즘을 변경하는 것인데, 다음과 같은 방법이 있다.

- **확률적 기울기 하강법.** 고전적인 기울기 하강법(6.3장 참고)에서는 한 이터레이션에서 각 파라미터를 업데이트하기 위해 전체 학습 데이터를 고려한다. 이런 방식은 크기가 큰 데이터 세트에서 오랜 시간을 소모하므로 그 대안으로 한 이터레이션에서 학습 예제 하나만을 사용할 수 있다. 이를 일컬어 확률적 기울기 하강법이라 한다. 결과로 생성된 파라미터의 값이 정확히 최적은 아니지만 비교적 높은 정확도를 보여준다.

- **미니배치**$^{\text{mini-batch}}$ **기울기 하강법.** 각 이터레이션에서 학습 예제 하나만을 참고하는 방법이 빠르긴 하지만 결과적으로 파라미터의 값을 평가함에 있어서 정확도가 떨어지고 수렴이 잘 안 될 수 있다. 결국 파라미터가 최적값 근처에서 진동하게 된다. 이에 대한 절충안으로 각 이터레이션에서 학습 예제의 부분 집합을 이용할 수 있는데, 이러한 기법을 미니배치 기울기 하강법이라 한다.

- **완전 연결 레이어**$^{\text{fully connected layer}}$. 뉴런을 추가할수록 가능한 신경 경로의 수는 폭발적으로 증가한다. 이처럼 모든 조합을 확인하는 일을 피하고자 크기가 작은 로레벨 특징을 처리하는 초기 레이어들을 부분적으로 연결시킬 수 있다. 반면, 크기가 큰 하이레벨 특징을 처리하는 마지막 레이어에서만 인접한 뉴런을 모두 연결시킬 수 있다.

해석이 어려움. 신경망은 각기 서로 다른 활성화 규칙에 따라 동작하는 수천 개의 뉴런으로 구성된 여러 개의 레이어로 이뤄진다. 따라서 어떤 입력 신호의 조합이 올바른 예측으로 이어질지 알 수 없다. 이런 점에서 어떤 예측자가 큰 영향을 미치는지 쉽게 비교하고 규명할 수 있는 회귀 분석(6장)과는 다르다. 이처럼 신경망은 블랙박스의 성질을 지니기 때문에 그 정당성을 부여하기 어렵다. 특히 도덕적 판단에서는 더욱 그렇다. 각 입력 신호가 예측 결과에 어떤 영향을 미치는지를 알기 위해 각 신경 레이어의 학습 과정을 분석하는 연구가 계속되고 있다.

이러한 제약이 있긴 하지만, 신경망의 효과적인 특성은 가상 비서와 자율 주행 등 최첨단 기술의 출현에 기여하고 있다. 인간을 흉내 내는 일을 뛰어넘어, 일부 분야에서는 신경망이 우리의 능력을 능가하고 있다. 2015년에 있었던 역사적인 바둑 대결에서 인간은 구글의 신경망에 패배했다. 알고리즘이 정제되고 컴퓨팅 파워가 확장됨에 따라 우리의 일상이 연결되고 자동화되는 사물 인터넷 시대에 신경망이 핵심적 역할을 할 것이다.

11.6 요약

- 신경망은 뉴런의 레이어로 구성된다. 학습 과정에서 첫 레이어는 입력 데이터에 의해 활성화되며, 이후의 레이어를 거쳐 마침내 예측을 수행하는 마지막 출력 레이어에 이르기까지 활성화가 전파된다.

- 뉴런의 활성화 여부는 입력 활성화의 강도와 출처로 결정되며, 이를 일컬어 활성화 규칙이라 한다. 활성화 규칙은 예측 정확도에 따라 정제되며, 이 과정을 역전파라고 한다.
- 신경망은 데이터 세트가 크고 고성능 컴퓨팅 파워를 사용할 수 있을 때 잘 작동한다. 하지만 그 결과는 거의 해석이 어렵다.

12

A/B 테스트와 멀티 암드 밴딧

12.1 A/B 테스트의 기초

여러분이 운영하는 온라인 쇼핑몰에서 진행 중인 할인 행사를 알리기 위한 광고를 한다고 상상해보자. 아래 두 문장 중에 어떤 문구가 좋을까?

- 최대 50% 할인!
- 지정 품목 반값 판매

두 문구의 의미는 같지만, 설득력에는 차이가 있을 수 있다. 예를 들어, 흥분된 감정을 나타내기 위해 느낌표를 사용하거나 '반값'이란 용어보다 '50%'라는 수치를 사용하는 것이 더 매력적일까?

더 좋은 문구를 찾기 위해 각 문구를 시험 삼아 100명에게 보여주고, 최종적으로 사람들이 얼마나 많이 클릭하는지를 시험해볼 수 있다. 더 많은 클릭을 유발한 광고가 더 많은 고객을 끌어들일 것이므로 나머지

홍보 기간 동안 해당 광고를 사용해야 한다. 이처럼 두 가지 버전의 광고 A/B의 효과를 비교하는 과정을 A/B 테스트^(A/B test)라고 한다.

12.2 A/B 테스트의 제약

A/B 테스트에는 두 가지 문제점이 있다.

우연에 따른 결과를 얻을 수도 있다. 드문 일이지만 더 나쁜 광고가 좋은 광고를 앞설 수도 있다. 더 확실한 결과를 얻고자 각 광고를 보여주는 사람의 수를 늘릴 수 있지만, 이렇게 하면 두 번째 문제가 발생한다.

이익 손실의 위험. 각 광고를 보여주는 사람의 수를 100명에서 200명으로 늘리면, 더 나쁜 광고를 보여주는 사람의 수도 두 배로 늘어난다. 이렇게 되면 더 좋은 광고에 설득당했을지도 모를 잠재 고객을 잃어버릴 수 있다.

이 두 가지 문제는 A/B 테스트에서의 기회비용을 암시한다. 즉, 탐색^(exploration)과 활용^(exploitation) 사이의 기회비용이 존재한다. 광고를 테스트할 사람의 수를 늘리면(더 많은 탐색) 어떤 광고가 좋은 광고인지 좀 더 확실히 알 수 있지만, 더 나은 광고를 보고 상품을 구매할지도 모를 잠재 고객(활용)을 잃어버릴 수 있다.

이 두 가지 기회비용 사이의 균형을 어떻게 맞출 수 있을까?

12.3 입실론 감소 전략

A/B 테스트는 나머지 행사 기간 동안 특정 광고를 활용하기 전에 어떤 광고가 더 나은지에 대한 탐색을 마친다. 하지만 사실 광고를 활용하기 전에 반드시 탐색을 마쳐야 할 필요는 없다.

첫 100명의 시험 고객에서 광고 A를 클릭한 사람이 B를 클릭한 사람보다 많았다면, 다음 100명의 고객에게는 광고 A의 노출 비율을 60%로 높이고 광고 B의 노출 비율을 40%로 낮출 수 있다. A가 더 나은 성과를 보여준 첫 실험의 결과를 활용함과 동시에, 광고 B의 성과가 개선될 작은 확률을 지속적으로 탐색할 수 있다. A가 더 나은 광고라는 증거가 강해질수록 점차 A의 노출을 늘리는 반면, B의 노출을 줄일 수 있다.

이런 방법을 입실론 감소 전략^{epsilon-decreasing strategy}이라 한다. 입실론은 대안을 탐색하는 시간의 비율을 지칭하는 말로, 입실론이 클수록 효과는 적은 것이다. 이처럼 좋은 광고에 대한 확신이 강화^{reinforce}될수록 입실론을 줄여나가므로 이 기법도 강화학습^{reinforcement learning} 알고리즘에 속한다고 할 수 있다.

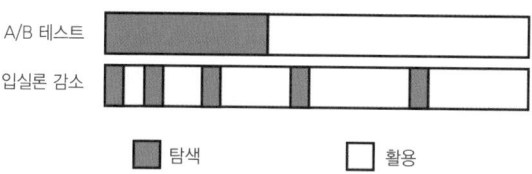

그림 1. A/B 테스트가 한 번의 탐색 단계 후에 한 번의 활용 단계를 거치는 반면, 입실론 감소 전략은 탐색과 활용을 번갈아 수행하며, 점차적으로 탐색의 비중을 줄여나간다.

12.4 예제: 멀티 암드 밴딧

A/B 테스트와 입실론 감소 전략 사이의 차이를 보여주는 대표적인 예가 바로 슬롯머신 게임이다. 각 머신마다 지불률$^{payout\ rate}$이 다르다고 가정하면, 도박꾼의 목적은 더 많은 돈을 따기 위해 적절한 머신을 선택하는 것이다.

그림 2. 외팔 도둑(one arm bandit)

슬롯머신의 팔을 당길 때마다 참가자의 돈을 뜯어가는 데서, 슬롯머신을 '외팔 도둑'이라 한다. 비슷한 이유로 어떤 슬롯머신으로 게임을 할지 결정하는 문제를 '멀티 암드 밴딧'라고 부르며, 모든 자원 할당 문제를 통틀어 칭하는 용어로 사용하고 있다. 그 예로는 어떤 광고를 보여줄지 결정하거나 시험을 보기 전에 어떤 과목을 복습할지, 어떤 신약 연구에 투자할지 결정하는 문제 등을 들 수 있다.

A와 B 두 슬롯머신 중 하나를 선택한다고 가정해보자. 그리고 두 머신에서 2,000라운드의 게임을 할 돈이 있다. 각 라운드에서 한 머신의 팔을 당기면 1달러를 벌거나 아무것도 얻지 못한다.

머신	지불률(%)
A	0.5
B	0.4

표 1. 머신의 지불률

머신 A에서 돈을 딸 가능성은 50%, 머신 B는 40%다. 하지만 우리는 그 확률을 모른다. 자, 어떻게 게임을 해야 상금을 최대화할 수 있을까?

가능한 전략을 비교해 보자.

전체 탐색. 두 머신을 무작위하게 선택하면 평균적으로 900달러를 얻는다.

A/B 테스트. 첫 200라운드에서 A/B 테스트를 이용해 지불률이 높은 슬롯머신을 탐색하고, 나머지 1,800번의 라운드에서 더 나은 머신을 활용했다면 평균적으로 976달러를 얻는다. 그러나 명심할 점이 있다. 두 머신의 지불률이 비슷하므로 8%의 확률로 머신 B의 지불률이 더 높다고 오인할 수 있다.

이러한 인식 오류를 줄이기 위해 탐색을 500라운드 동안 수행할 수 있다. 그러나 이 방법이 오인식의 위험은 1%로 낮춘다고 해도, 기대되는 평균 상금은 963달러로 줄어든다.

입실론 감소 전략. 입실론 감소 전략을 활용해 탐색을 지속하면서 더 낫다고 판단되는 머신을 활용하면, 오인식의 확률을 4%로 유지하면서 평균 984달러를 얻을 수 있다. 탐색의 비율(즉, 입실론의 값)을 늘림으로써 오인식의 위험을 낮출 수 있지만, 이전과 마찬가지로 평균 상금이 줄어든다.

전체 활용. 머신 A의 지불률이 더 높다는 내부 정보가 있으면, 처음부터 머신 A를 활용해 평균 1,000달러를 얻을 수 있다. 그러나 이 방법은 현실적으로 (거의) 불가능하다.

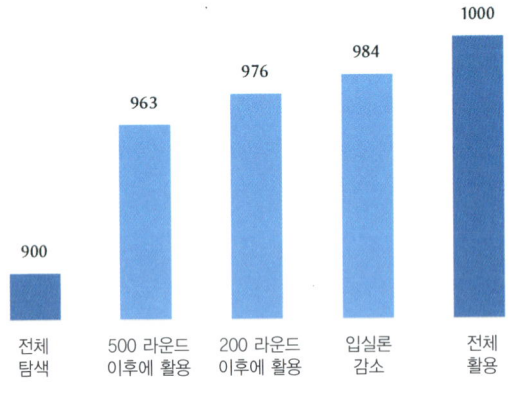

그림 3. 서로 다른 게임 전략 사이의 상금 비교

그림 3에서 내부 정보가 없다면 입실론 감소 전략의 상금이 가장 크다는 것을 알 수 있다. 더 나아가 게임의 횟수가 많아질수록 수렴convergence이라는 수학적 원리 덕분에 입실론 감소 전략이 더 좋은 머신을 찾는다는 사실을 보장할 수 있다.

12.5 '승자 고집하기'에 얽힌 재미있는 사연

멀티 암드 밴딧 문제의 흥미로운 응용 사례는 스포츠에서 찾아볼 수 있다. 루이스 반 갈Louis van Gaal은 유수의 축구 클럽 맨체스터 유나이티드에 재임하는 동안 패널티 슛을 찰 선수를 고르는 데 있어서 흔치 않은 방식을 취했다.

첫 번째 선수가 실패할 때까지 계속 패널티 슛을 하는 것이다. 그 다음 선수도 실패할 때까지 패널티 슛을 계속한다. 이런 전략을 승자 고집하기sticking to the winner라고 한다.

축구 선수의 득점률을 표 1의 슬롯머신에 비춰보면, 돈을 받지 못할 때까지 한 머신을 고집하면 평균적으로 909달러를 얻을 수 있는데, 이는 무작위하게 게임을 하는 방법보다 약간 더 나은 수준이다. 이처럼 머신을 자주 바꾸면, 탐색은 너무 많아지고 활용은 너무 적어진다. 더 나아가 승자 고집하기 전략은 마지막 게임만으로 머신의 성과를 평가함으로써 머신의 과거 이력을 과소평가하게 된다. 즉, 승자 고집하기 전략은 이상적인 방법과는 거리가 멀다.

12.6 입실론 감소 전략의 제약

입실론 감소 전략이 더 우수하긴 하지만, A/B 테스트에 비하면 상대적으로 구현하기가 어렵다.

입실론 감소 전략을 이용할 때, 입실론의 값을 정하는 것이 결정적 역할을 한다. 입실론이 너무 느리게 감소하면 더 나은 머신을 활용할 기회를 놓칠 수 있다. 반면, 입실론이 너무 빨리 감소하면 활용할 머신을 잘못 선택할 수 있다.

최적의 입실론 감소 속도는 두 머신의 지불률의 차이가 얼마나 크냐에 크게 의존한다. 표 1처럼 두 머신이 매우 비슷하다면 입실론도 천천히 감소해야 한다. 입실론을 계산할 때는 톰슨 샘플링(Thompson sampling)이라는 방법을 사용할 수 있다.

입실론 감소 전략은 다음과 같은 가정에도 의존적이다.

1. 시간이 흘러도 지불률은 변하지 않는다. 한 광고가 아침에만 인기가 높고 밤에는 인기가 낮은 반면, 다른 광고는 하루 종일 꾸

준히 인기를 누릴 수도 있다. 두 광고를 비교한 시점이 아침이라면, 첫 번째 광고가 더 좋다는 잘못된 결론을 내릴 수 있다.
2. 지불률은 이전 게임과 독립적이다. 한 광고를 예전에 여러 번 봤다면, 사용자가 호기심에 광고를 클릭할 수도 있다. 이는 실제 지불률을 측정하기 위해 활용 단계를 반복해야 한다는 것을 뜻한다.
3. 슬롯머신 게임과 지불률 평가 사이에 시간 지연이 적어야 한다. 광고를 이메일로 보낸다면 잠재 고객의 반응을 확인하는 데 며칠이 걸릴 수도 있다. 이로 인해 탐색의 올바른 결과를 바로 알 수 없고, 짧은 기간 동안 이뤄진 탐색의 불완전한 정보를 바탕으로 하게 된다.

하지만 비교 대상이 될 두 광고 모두에서 두 번째와 세 번째 가정이 모두 성립하지 않으면, 오류로 인한 효과가 상쇄될 수 있다. 예를 들어, 두 광고를 이메일로 보내면 반응의 지연 시간은 두 광고에서 모두 발생하므로 둘을 비교하는 것은 여전히 합리적이다.

12.7 요약

- 멀티 암드 밴딧 문제는 최적의 자원 할당에 관련된 문제로, 알려진 결과를 활용하는 것과 더 나은 대안을 탐색하는 것 중 하나를 선택하는 문제다.
- 우선 가능한 선택지를 탐색한 후에, 남아 있는 모든 자원을 성과가 가장 좋은 쪽에 할당할 수 있다. 이런 전략을 A/B 테스트라고 한다.

- 이와 달리 오랜 시간에 걸쳐 성과가 높은 쪽에 점진적으로 자원 할당을 늘릴 수 있다. 이런 방법을 입실론 감소 전략이라 한다.
- 대부분의 경우에 입실론 감소 전략이 A/B 테스트보다 더 큰 이득을 낳지만, 자원 할당 비율을 갱신하는 최적의 속도를 찾기가 쉽지 않다.

부록

A. 지도학습 알고리즘 개요

		K-평균 클러스터링	주성분 분석	연관 규칙	로뱅 메서드	페이지랭크
입력	이진값			✓		
	연속형값	✓	✓			
	노드와 에지				✓	✓
출력	범주	✓	✓		✓	
	연관 관계			✓		
	순위					✓

B. 지도학습 알고리즘 개요

		회귀 분석	k-최근접 이웃	서포트 벡터 머신	의사결정 트리	랜덤 포레스트	신경망
입력	연속형값	✓	✓	✓	✓	✓	✓
	노드와 에지		✓		✓	✓	✓
	범주	✓	✓		✓	✓	✓
	연관 관계	✓	✓		✓	✓	✓
	순위		✓	✓	✓	✓	✓
작업	연속형값			✓	✓	✓	✓
	노드와 에지	✓	✓		✓	✓	
	범주	✓			✓		
결과	연관 관계					✓	✓
	순위	✓	✓		✓		

C. 튜닝 파라미터 목록

	튜닝 파라미터
회귀 분석	• 정규화 파라미터 (라쏘 회귀와 릿지 회귀의 경우)
k-최근접 이웃	• 근접 이웃의 개수
서포트 벡터 머신	• 소프트 마진(soft margin) 상수 • 커널 파라미터 • 비민감도(insensitivity) 파라미터
결정 트리	• 종단 노드의 최소 크기 • 종단 노드의 최대 개수 • 트리의 최대 깊이
랜덤 포레스트	• 결정 트리의 모든 파라미터 • 트리 개수 • 분할 시에 선택 대상이 되는 변수의 개수
신경망	• 은닉 레이어의 개수 • 각 레이어의 뉴런 개수 • 학습 이터레이션의 수 • 러닝 레이트(learning rate) • 초기 가중값

D. 다양한 평가 지표

여러 가지 예측 오차를 정의하고 불이익을 주는 방법에 따라 다양한 평가 지표가 존재한다. 이번 절에서는 1.4 장에서 다룬 지표들에 더해 몇 가지 일반적인 평가 지표를 소개한다.

분류 지표

수신자 조작 특성 면적^{Area Under the Receiver Operating Character, AUROC} 곡선. 일반적으로 곡선 면적^{Area Under the Curve}으로 더 잘 알려진 이 지표를 이용하면 참 양성^{true positive}의 최대화나 거짓 양성^{false positive}의 최소화 사이에서 선택이 가능하다.

- 참 양성 비율^{True Positive Rate, TPR}은 실제로 양성인 모든 포인트 중에 양성으로 올바르게 분류된 포인트의 비율을 말한다.

  TPR = TP / (TP + FN)

- 거짓 양성 비율^{False Positive Rate, FPR}은 실제로 음성인 포인트 중에 양성으로 잘못 분류된 포인트의 비율을 말한다.

  FPR = FP / (FP + TN)

극단적인 경우 TPR을 1로 설정하려면 모든 포인트를 양성으로 분류함으로써 참 양성 비율을 완전히 최대할 수 있다. 하지만 이 방법은 거짓 양성을 없애는 반면, 거짓 양성의 수가 크게 늘어난다. 다른 말로 설명하면 거짓 양성의 최소화와 참 양성의 최대화 사이에는 기회비용이 존재한다.

이러한 기회비용을 그림 1의 수신자 조작 특성^{ROC} 곡선으로 시각화할 수 있다.

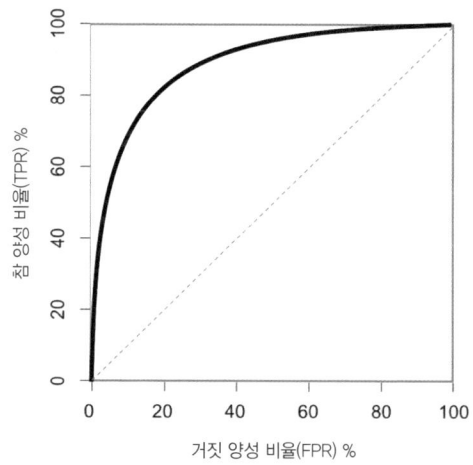

그림 1. 거짓 양성의 최소화와 참 양성의 최대화 사이에 존재하는 기회비용을 보여주는 ROC 곡선

지표의 이름에서 알 수 있듯이, 이 그래프에서 곡선 아래의 면적이 모델의 성능을 나타낸다. 모델이 정확할수록 곡선이 도표의 왼쪽 위를 가까이 지나간다. 즉, 완벽한 예측 모델은 AUC가 도면 전체의 면적과 같은 1이 되도록 곡선을 만들어낸다. 반면, 무작위한 예측을 하는 모델은 점선으로 표현된 대각선을 만들어내며 AUC는 0.5가 된다.

실제로는 AUC를 최대로 만드는 모델을 최적의 예측 모델로 선택할 수 있으며, 해당 ROC 곡선을 이용해 감내할 수 있는 TPR이나 FPR의 적절한 임계값을 선택할 수 있다.

이처럼 ROC 곡선을 이용해 피하고자 하는 오류의 유형을 선택할 수 있다. 이제 로그 손실$^{\text{logarithmic loss 또는 log loss}}$ 지표를 이용해 모든 종류의 잘못된 예측에 불이익을 주는 방법을 알아보자.

부록 **153**

로그 손실. 이진값과 범주형 변수의 예측 결과는 일반적으로 확률의 형태로 나타낸다. 고객이 생선을 구매할 확률을 예로 들 수 있다. 그 확률이 100%에 가까울수록 모델은 고객을 생선을 구매할 것이라고 확신하는 것이다. 로그 손실 지표는 이 확신의 정도에 따라 잘못된 예측에 대한 불이익을 조정한다. 특히 모델이 잘못된 예측에 대해 강한 확신을 할수록 로그 손실 지표의 불이익이 커진다.

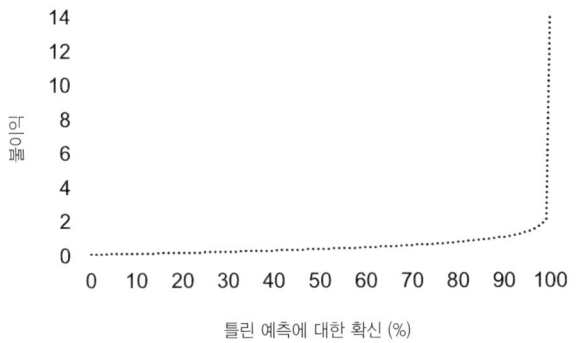

그림 2. 로그 손실의 불이익은 틀린 예측에 대한 모델의 확신에 따라 증가한다.

그림 2에서 틀린 예측에 대한 모델의 확신이 상한에 가까워질수록 불이익이 급격히 증가함을 알 수 있다. 예를 들어, 어떤 고객이 생선을 구매할 확률을 80%로 예측했는데, 해당 고객이 생선을 실제로 구매하지 않았다면, 0.7점의 불이익을 부과한다. 어떤 고객이 생선을 구매할 확률을 99%로 예측했는데 해당 고객이 생선을 실제로 구매하지 않았다면, 불이익은 2점으로 두 배 이상 커진다.

이처럼 로그 손실 지표는 예측의 확신에 따라 불이익을 조정하므로 잘못된 예측으로 인한 피해가 큰 경우에 많이 사용된다.

회귀 지표

평균 절댓값 오차^{Mean Absolute Error (MAE)}. 회귀 모델을 평가하는 간단한 방법 중 하나로 모든 오차에 동등한 불이익을 줄 수 있다. 즉, 모든 데이터 포인트에 대해 예측값과 실제값 사이의 차^{gap}를 구하고, 그 평균을 사용한다. 이러한 지표를 일컬어 평균 절댓값 지표라고 한다.

평균 제곱근 로그 오차^{Root Mean Squared Logarithmic Error, RMSLE}. 1.4장에서 오차가 클 때 불이익을 증폭시키는 평균 제곱근 편차 지표를 소개했다. 오차의 크기에 더해서 오차의 방향도 고려해야 할 필요가 있다면 평균 제곱근 로그 오차^{RMSLE} 지표를 이용할 수 있다. 우산의 수요를 예측하는 것을 예로 들면 과대 평가보다 과소평가가 문제가 되는데, 이런 경우 RMSLE를 사용한다. 우산의 수요를 과소평가하면 불만족스러운 소비자가 늘어나고 매출이 감소하는 반면, 과대 평가는 약간의 재고 증가로 이어질 뿐이다.

용어집

A/B 테스트^{A/B Testing}. 두 대안 A와 B를 비교하는 전략. 두 대안을 같은 비율로 테스트하는 탐색 단계로 시작된다. 탐색 단계 후에는 더 나은 대안이 선택되고, 선택된 대안에 모든 자원을 할당해 보상을 최대화하는 활용 단계를 수행한다. (더 나은 대안을 찾는) 탐색 단계와 (잠재적인 보상을 높이는) 활용 단계 사이의 기회비용의 균형을 찾는 것이 A/B 테스트를 수행함에 있어 큰 영향을 미친다.

활성화 규칙^{Activation Rule}. 뉴런이 활성화되기 위해 필요한 입력 신호의 출처와 강도를 정하는 기준. 뉴런의 활성화가 신경망에 전파되면서 예측이 이뤄진다.

Apriori 원리^{Apriori Principle}. 어떤 항목 집합의 빈도가 낮으면, 해당 항목 집합을 포함하는 더 큰 모든 항목 집합의 빈도도 낮다는 원리. 항목의 빈도와 연관성을 측정할 때 고려해야 할 경우의 수를 줄이기 위해 이 기법을 사용한다.

연관 규칙^{Association Rules}. 데이터 포인트 간의 상호 연관 관계를 발견하기 위한 비지도학습 기법. 함께 자주 구매되는 상품을 찾는 것을 예로 들 수 있다. 연관성을 측정하는 일반적인 지표 세 가지는 다음과 같다.

- {X}의 지지도^{Support}는 항목 X의 출현 빈도를 나타낸다.
- {X → Y}의 신뢰도^{Confidence}는 항목 X가 존재할 때, 항목 Y의 출현 빈도를 나타낸다.

- {X → Y}의 향상도^{Lift}는 두 항목 X와 Y 각각의 출현 빈도를 고려했을 때, X와 Y가 함께 출현할 빈도를 나타낸다.

역전파^{Backpropagation}. 예측 정확도를 높이는 방향으로 신경망의 피드백을 전달하는 과정. 예측이 틀렸을 경우, 신경 전달 경로상의 뉴런들이 오차를 줄이는 방향으로 활성화 규칙을 재조정하도록 오차를 전파함.

최적합 선^{Best-Fit Line}. 가능한 많은 데이터 포인트를 지나거나 가까이에 위치하는 추세선

블랙박스^{Black Box}. 예측 결과를 유도함에 있어 명확한 공식이 없어서 해석이 불가한 예측 모델을 일컫는 용어

부트스트랩 집계^{Bootstrap Aggregating, 배깅, Bagging}. 서로 연관성이 없는 수천 개의 의사결정 트리를 만드는 기법. 이렇게 만들어진 트리의 평균을 이용해 과적합을 방지할 수 있다. 각 트리는 학습 데이터의 무작위 부분 집합으로 학습되며, 트리의 가지를 만들 때마다 예측 변수의 무작위 부분 집합을 이용한다.

분류^{Classification}. 이진 또는 범주형값을 예측하는 지도학습 기법의 일종

혼동 행렬^{Confusion Matrix}. 분류 예측의 정확도를 평가하는 지표. 전체적인 분류 정확도가 아닌 거짓 양성과 거짓 음성의 비율을 보여준다.

상관도^{Correlation}. 두 변수 간의 선형 상관관계를 측정하는 지표. 상관 계수^{Correlation coefficients}는 −1 이상 1 이하의 구간에 위치하며, 두 가지 정보를 제공한다. 1) 연관 관계의 강도. −1이나 1에서 최대, 0에서 최소가 됨. 2) 연관 관계의 방향. 양수일 때 두 변수가 같은 방향으로 움직이고, 음수일 때 반대 방향으로 움직인다.

교차검증^{Cross-Validation}. 데이터 세트를 여러 세그먼트로 나눠 모델을 반복적으로 테스트함으로써 검증 데이터의 가용성을 최대화하는 기법. 한 이터레이션에서 특정 세그먼트를 제외한 모든 세그먼트를 예측 모델의 학습 데이터로 사용하고, 나머지 세그먼트를 테스트에 사용한다. 이 과정을 모든 세그먼트가 테스트 세그먼트로 딱 한 번 사용될 때까지 반복한다. 모델의 예측 정확도는 모든 이터레이션의 평균으로 평가한다.

의사결정 트리^{Decision Tree}. 이진 질의를 반복해 데이터 포인트를 반복적으로 분할함으로써 동질적인 그룹^{homogeneous group}을 찾아내고, 이를 바탕으로 예측하는 지도학습 기법. 이해하기 쉽고 시각화하기도 쉽지만, 과적합의 위험이 크다.

차원 축소^{Dimension Reduction}. 데이터의 변수 개수를 줄이는 과정. 예를 들어, 상관도가 높은 변수를 병합^{combine}할 수 있다.

드롭아웃^{Dropout}. 신경망 모델의 과적합을 방지하는 기법. 각 학습 사이클마다 서로 다른 뉴런의 부분 집합을 제외시킴으로써 서로 다른 뉴런의 조합을 이용해 새로운 특징^{feature}을 발견하게 한다.

앙상블^{Ensembling}. 여러 예측 모델을 조합해 정확도를 높이는 방법. 모델이 올바른 예측을 할 수 있도록 서로를 강화하는 반면, 틀린 예측은 상쇄함으로써 좋은 성능을 낳는다.

입실론 감소 전략^{Epsilon-Decreasing Strategy}. 두 단계를 반복하며 자원 할당 방법을 찾는 강화학습^{reinforcement learning} 기법. 1) 더 나은 대안을 찾은 후, 2) 알려진 보상을 활용한다. 입실론은 탐색에 소요된 시간의 비율을 나타내며, 최적의 대안이 무엇인지에 대한 정보를 많이 얻을수록 입실론을 줄여나간다.

특징 공학 Feature Enfineering. 새로운 변수를 만들어내는 과정. 한 변수를 사용하거나 여러 변수를 병합할 수 있다.

기울기 부스팅 Gradient Boosting. 트리의 가지를 만들 때마다 서로 다른 이진 질의의 조합을 선택함으로써 복수의 의사결정 트리를 만들어내는 지도학습 기법. (랜덤 포레스트처럼 무작위한 선택 대신) 전략적인 방법으로 이진 질의를 선택하는데, 각 트리의 예측 정확도를 높일 수 있도록 질의를 선택한다. 최종 예측을 내릴 때는 각 트리의 예측이 병합되는데, 나중에 만들어진 트리일수록 가중값을 크게 부여한다.

점진적 하강법 Gradient Descent. 모델 파라미터를 튜닝하는 기법. 초기 파라미터 집합을 정한 후, 이 파라미터를 기반으로 예측하고 예측 오차를 최소화하는 방향으로 파라미터를 재조정하는 과정을 반복한다.

k-평균 클러스터링k-Means Clustering. 유사한 데이터 포인트를 그룹화하는 비지도학습 기법. k는 찾아낼 그룹의 수를 말한다.

k-최근접 이웃k-Nearest Neighbors. 특정 데이터 포인트에 근접한 데이터 포인트의 분류를 바탕으로 분류를 수행하는 지도학습 기법. k는 고려할 근접 데이터 포인트의 개수를 나타낸다.

커널 트릭 Kernel Trick. 데이터 포인트를 더 높은 차원으로 매핑해, 직선(평면) 형태의 경계로 데이터 포인트가 나눠지게 하는 기법. 직선(평면) 형태의 경계는 계산이 용이하며, 저차원으로 역사상 됐을 때 곡선으로 변환하기 쉽다.

루뱅 메서드 Louvain Method. 군집 안의 상호작용은 최대화하고 군집 간의 상호작용은 최소화함으로써 네트워크 안의 군집을 찾는 비지도학습 기법.

멀티 암드 밴딧 문제^{Multi-Arm Bandit Problem}. 자원 할당에 관련된 모든 문제를 일컫는 용어. 내기를 걸 슬롯머신을 선택하는 문제를 예로 들 수 있다. 슬롯머신의 팔을 당길 때마다 돈을 훔쳐가는 외팔이 도둑^{one-arm bandit}을 비유해 만들어진 용어다.

다중공선성^{Multicolinearity}. 회귀 분석에 있어 상관도가 높은 예측자를 선택함으로 인해 회귀 가중값 해석에 왜곡이 발생하는 문제

신경망^{Neural Network}. 뉴런 레이어의 활성화 전파를 바탕으로 학습과 예측을 수행하는 지도학습 기법. 정확도가 높지만, 복잡성으로 인해 결과의 해석이 어렵다.

과적합^{Overfitting}. 예측 모델이 과민해지고, 데이터에 존재하는 무작위한 변동을 영구적인 패턴으로 오인하는 현상. 과적합된 모델은 현재 데이터에서는 높은 정확도를 보이지만, 미래의 데이터로 일반화하기 어렵다.

페이지랭크^{PageRank}. 네트워크에서 지배적인 노드를 찾는 알고리즘. 노드의 링크 수와 강도, 링크의 출처를 바탕으로 순위를 부여한다.

파라미터 튜닝^{Parameter Tuning}. 결과로 생성되는 모델의 정확도를 높이기 위해 알고리즘의 설정을 조정하는 과정. 라디오의 주파수 채널을 튜닝하는 일에 비유할 수 있다.

주성분 분석^{Principal Component Analysis}. 가장 많은 정보를 내포하는 변수를 병합해 주성분이라는 새로운 변수를 만듦으로써, 변수의 개수를 줄이는 비지도학습 기법

랜덤 포레스트^{Random Forest}. 트리의 가지를 만들 때마다 서로 다른 이진

질의의 조합을 무작위로 선택함으로써 여러 개의 의사결정 트리를 만드는 지도학습 기법

재귀적 파티셔닝^{Recursive Partitioning}. 데이터 샘플을 반복적으로 분할해 동질적인 그룹을 만들어내는 과정. 의사결정 트리에서 사용한 방법과 유사하다.

회귀 분석^{Regression Analysis}. 가능한 많은 데이터 포인트를 지나거나 가까이에 위치하는 최적 추세선을 찾는 지도학습 기법. 예측자의 가중값 조합을 이용해 추세선을 찾을 수 있다.

정칙화^{Regularization}. 모델의 복잡도 증가에 따라 인공적인 불이익을 부과함으로써 예측 모델의 과적합을 방지하는 기법. 모델 파라미터를 최적화함에 있어 복잡도와 정확도를 모두 고려할 수 있다.

강화학습^{Reinforcement Learning}. 데이터에 존재하는 패턴에 따라 예측을 내리고, 더 많은 데이터가 축적될수록 예측을 지속적으로 향상시키길 원할 때 사용하는 머신 러닝 알고리즘의 한 종류.

평균 제곱근 편차^{Root Mean Squared Error}. 회귀 예측의 정확도를 평가하는 지표. 큰 오차를 피하고자 할 때 특히 유용하다. 각 오차를 제곱하므로 큰 오차가 증폭되며, 이로 인해 이상값에 매우 민감한 지표를 얻게 된다.

스크리 도표^{Scree Plot}. 유지해야 할 그룹의 개수를 정하기 위해 사용하는 그래프. 여기서의 그룹은 데이터 군집부터 축소된 차원까지 다양한 것일 수 있다. 일반적으로 최적의 그룹 개수는 킨크(kink)가 위치하는 곳인데, 킨크는 스크리 곡선에서 급격한 구부러짐이 있는 곳을 가리킨다. 그룹의 수가 킨크를 넘어가면 일반화 능력이 떨어진다.

표준화^{Standardization}. 여러 변수를 단일한 표준 구간으로 이동시키는 과정. 각 변수를 백분율로 나타내는 일에 비유할 수 있다.

서브 샘플링^{Subsampling}. 입력되는 학습 데이터의 평균을 취해 평탄화^{smoothen}함으로써 신경망 모델의 과적합을 방지하는 기법. 이미지를 예로 들면 이미지 크기를 줄이거나 색 대비를 낮출 수 있다.

지도학습^{Supervised Learning}. 예측을 내리기 위한 머신 러닝 알고리즘의 일종. 데이터에 이미 존재하는 패턴을 바탕으로 예측을 하므로 이런 종류의 알고리즘은 지도하에 학습된다.

서포트 벡터 머신^{Support Vector Machine}. 두 그룹의 주변부에 위치한 데이터 포인트(서포트 벡터) 사이의 가운데를 지나가는 경계를 그림으로써 데이터 포인트를 두 그룹으로 분류하는 지도학습 기법. 곡선 형태의 경계를 효과적으로 유도하기 위해 커널 트릭을 사용함.

테스트 데이터 세트^{Test Dataset}. 예측 모델의 정확도와 일반화 가능성을 측정하는데 사용하는 데이터 샘플. 모델을 생성할 때 사용하는 학습 데이터 세트와는 처음부터 분리해야 함.

학습 데이터 세트^{Training Dataset}. 예측 모델을 생성하기 위해 잠재적인 예측 관계를 발견하는데 사용하는 데이터 샘플. 생성된 모델은 분리된 테스트 데이터 세트를 이용해 평가한다.

위치 불변성^{Translational Invariance}. 컨볼루션 신경망^{convolutional neural network}의 특징 중 하나로, 이미지에서의 위치에 관계없이 이미지의 특징을 인식하는 능력을 말한다.

과소적합Underfitting. 예측 모델의 민감도가 너무 낮아 내재된 패턴을 무시하는 현상. 과소적합한 모델은 주요 추세를 인식하지 못하므로 현재 데이터와 미래 데이터 모두에서 예측 정확도가 낮다.

비지도학습Unsupervised Learning. 데이터의 숨겨진 패턴을 찾는 머신 러닝 알고리즘의 한 종류. 어떤 패턴을 찾아야 할지 알 수 없고 알고리즘이 스스로 패턴을 발견하므로 비지도라고 일컫는다.

검증Validation. 새로운 데이터에 대한 모델의 예측 정확도를 평가하는 것. 현재 데이터 세트를 두 부분으로 나눠야 한다. 첫 번째 부분은 예측 모델을 생성하고 튜닝할 때 사용하는 학습 데이터 세트고, 두 번째 부분은 새로운 데이터를 대신해 모델의 정확도를 평가하는 학습 데이터 세트다.

변수Variable. 데이터 포인트를 설명하는 정보. 다른 말로 속성attribute, 특징feature, 차원dimension이라고도 한다. 변수의 종류는 다음과 같다.

- **이진**Binary. 가능한 옵션이 둘뿐인 가장 간단한 종류의 변수(예: 여자 또는 남자)
- **범주형**Categorical. 2개 이상의 옵션을 나타내는 변수(예: 민족)
- **정수**Integer. 모든 정수를 나타내는 변수(예: 나이)
- **연속형**Continuous. 소수점을 포함한 수를 나타내는 가장 정밀한 종류의 변수(예: 가격)

데이터 출처와 참고자료

- 페이스북 사용자의 성격(k-평균 클러스터링)

Stillwell, D., & Kosinski, M. (2012). myPersonality Project(데이터 파일과 설명). http://dataminingtutorial.com에서 샘플 데이터 세트를 얻을 수 있음.

Kosinski, M., Matz, S., Gosling, S., Popov, V., & Stillwell, D. (2015). Facebook as a Social Science Research Tool: Opportunities, Challenges, Ethical Considerations and Practical Guidelines. American Psychologist.

- 식품 영양소(주성분 분석)

Agricultural Research; Service, United States Department of Agriculture(2015). USDA Food Composition Databases(데이터). https://ndb.nal.usda.gov/ndb/nutrients/index에서 얻을 수 있음.

- 식료품 거래(연관 규칙)

R 패키지에 포함된 데이터 세트: Hahsler, M., Buchta, C., Gruen, B., & Hornik, K.(2016). arules: Mining Association Rules and Frequent Itemsets. R 패키지 버전 1.5-0. https://CRAN.R-project.org/package=arules

Hahsler, M., Hornik, K., & Reutterer, T.(2006). Implications of Probabilistic Data Modeling for Mining Association Rules. In Spiliopoulou, M., Kruse, R., Borgelt, C., Nünberger, A.,& Gaul, W. Eds., From Data and Information Analysis to Knowledge Engineering, Studies in Classification, Data Analysis, and Knowledge Organization. pp. 598-605. Berlin, Germany: Springer-Verlag.

Hahsler, M., & Chelluboina, S.(2011). Visualizing Association Rules: Introduction to the R-extension Package arulesViz. R Project Module, 223-238.

- 무기 거래(네트워크 그래프)

Stockholm International Peace Research Institute (2015). Trade Registers[데이터]. http://armstrade.sipri.org/armstrade/page/trade_register.php에서 얻을 수 있음.

- 주택 가격(회귀 분석)

Harrison, D., & Rubinfeld, D.(1993). Boston Housing Data[데이터 파일과 설명]. https://arive.ics.uci.edu/ml/datasets/Housing에서 얻을 수 있음.

Harrison, D., & Rubinfeld, D.(1978). Hedonic Prices and the Demand for Clean Air. Journal of Environmental Economics and Management, 5, 81-102.

- 와인 성분(k-최근접 이웃)

Forina, M., et al. (1998). Wine Recognition Data[데이터 파일과 설명]. http://arive.ics.uci.edu/ml/datasets/Wine 에서 얻을 수 있음.

Cortez, P., Cerdeira, A., Almeida, F., Matos, T., & Reis, J. (2009). Modeling Wine Preferences by Data Mining from Physicochemical Properties. Decision Support Systems, 47(4), 547-553.

- 심장 질환(서포트 벡터 머신)

Robert Detrano (M.D., Ph.D), from Virginia Medical Center, Long Beach and Cleveland Clinic Foundation (1988). Heart Disease Database(Cleveland)[데이터 파일과 설명]. https://archive.ics.uci.edu/ml/datasets/Heart+Disease에서 얻을 수 있음.

Detrano, R., et al.(1989). International Application of a New Probability Algorithm for the Diagnosis of Coronary Artery Disease. IThe American Journal of Cardiology, 64(5), 304-310.

- 타이타닉 생존자(의사결정 트리)

British Board of Trade Inquiry(1990). Titanic Data[데이터 파일과 설명]. http://www.public.iastate.edu/~ofmann/data/titanic.html에서 얻을 수 있음.

Report on the Loss of the 'Titanic' (S.S.)(1990). British Board of Trade Inquiry Report (reprint), Gloucester, UK: Allan Sutton Publishing and are discussed in Dawson, R. J. M. (1995). IThe 'Unusual Episode' Data Revisited. Journal of Statistics Education, 3(3).

- 샌프란시스코의 범죄(랜덤 포레스트)

SF OpenData, City and County of San Francisco (2016). Crime Incidents[데이터]. https://data.sfgov.org/Public-Safety/Map-Crime-Incidents-from-1-Jan-2003/gxxq-x39z에서 얻을 수 있음.

- 샌프란시스코의 날씨(랜덤 포레스트)

National Oceanic and Atmospheric Administration, National Centers for Environmental Information (2016). HQuality Controlled Local Climatological Data (QCLCD)[데이터 파일과 설명]. https://www.ncdc.noaa.gov/qclcd/QCLCD?prior=N에서 얻을 수 있음.

- 수기 숫자(신경망)

LeCun, Y., & Cortes, C. (1998). IThe MNIST Database of Handwritten Digits[데이터 파일과 설명]. http://yann.lecun.com/exdb/mnist에서 얻을 수 있음.

LeCun, Y., Bo〈ou, L., Bengio, Y., & Haffner, P.(1998). Gradient based Learning Applied to Document Recognition. Proceedings of the IEEE, 86(11), 2278-2324.

- 다음에서 더 많은 공개 데이터 세트를 얻을 수 있다.

Lichman, M.(2013). UCI Machine Learning Repository. Irvine, CA: University of California, School of Information and Computer Science. http://archive.ics.uci.edu/ml

찾아보기

ㄱ

가중값 70
강화학습 30
거짓 양성 34
거짓 음성 34
검증 35
곡선 면적 152
과소적합 32
과적합 32
교차검증 36
군집 내 산포 42
군집화 39
그래프 70
기울기 하강법 85

ㄴ

노드 70
누락된 데이터 27
뉴런 126

ㄷ

다중공선성 90
데이터 24
독립 성분 분석 56
드롭아웃 134

ㄹ

라쏘 90
랜덤 포레스트 117
레이어 130
로그 손실 153
루뱅 메서드 73
릿지 회귀 90

ㅁ

멀티 암드 밴딧 142
모듈성 74
미니배치 기울기 하강법 135

ㅂ

배깅 123
범주 25
베타 가중값 88
변수 선택 26
변수 타입 25
부트스트랩 집계 122
분류 지표 34
비지도학습 29

ㅅ

상관 계수 88
서브 샘플링 134
서포트 벡터 104
세그먼트 36
소셜 네트워크 분석 69
속성 24
수신자 조작 특성 면적 곡선 152
스크리 도표 42, 54
신경망 126
신뢰도 61

ㅇ

앙상블 117
에지 70
역전파 131
연관 규칙 59
연속 26

예측자 81
완충 지대 104
왜곡 134
위치 불변성 131
은닉 레이어 131
의사결정 트리 109
의사 중심점 45
이상 감지 97
이진 25
이진 질의 109
입실론 감소 전략 141

ㅈ

재귀적 파티셔닝 112
점진적 부스팅 115
정규화 33
정수 25
주성분 분석 48
지도학습 29
지지도 60
지지도 임계값 60

ㅊ

차원 24
차원 축소 51
추세선 81

ㅋ

커널 트릭 105
컨볼루션 레이어 130
킨크 43

ㅌ

탐색 140
테스트 데이터 세트 35
특징 24

ㅍ

파라미터 튜닝 31
패널티 파라미터 33
페이지랭크 알고리즘 75
평가 33
평가 지표 33
평균 절댓값 오차 155
평균 제곱근 로그 오차 155
평균 제곱근 편차 35
표준화 50, 88
표 형식 24
피처 엔지니어링 26

ㅎ

학습 데이터 세트 35
향상도 61
혼동 행렬 34
확률적 기울기 하강법 87, 135
활성화 규칙 132
활용 140
회귀 계수 87
회귀 분석 81
회귀 지표 35
힘-지향 알고리즘 72

A

A/B test 140
A/B 테스트 140
activation rule 132
alse negative 34
apriori 원리 64
Area Under the Curve 152
Area Under the Receiver Operating Character, AUROC 152
attribute 24

B

backpropagation 131
bagging 123
beta weights 88
binary 25

binary question　109
bootstrap aggregating　122
buffer zone　104

C

categorical　25
confidence　61
Confusion Matrix　34
continuous　26
convolution layer　130
correlation coefficient　88
cross-validation　36

D

decision tree　109
dimension　24
dimension reduction　51
distortion　134
dropout　134

E

ensemble　117
epsilon-decreasing strategy　141
exploitation　140
exploration　140

F

false positive, FP　34
feature　24
feature engineering　26

G

gradient boosting　115
gradient descent　85
graph　70

H

hidden layer　131

I

Independent Component Analysis, ICA　56
integer　25

K

kernel trick　105
k-평균 클러스터링　39

L

lasso　90
layer　130
lift　61
logarithmic loss 또는 log loss　153

M

Mean Absolute Error(MAE)　155
mini-batch　135
modularity　74
multicolinearity　90

N

neural networks　126
neuron　126
node　70

P

predictor　81
Principal Component Analysis, PCA　48
pseudo-centers　45

R

recursive partitioning　112
regression analysis　81
regularization　33
ridge regression　90
Root Mean Squared Error, RMSE　35

Root Mean Squared Logarithmic Error, RMSLE 155

S

scree plot 42
segment 36
Social Network Analysis, SNA 69
standardization 50
stochastic gradient descent 87
subsampling 134
support 60
support threshold 60

T

tabular form 24
test dataset 35
training dataset 35
translational invariance 131
trend line 81

W

within-cluster scatter 42

수학 없이 배우는 데이터 과학과 알고리즘
모두를 위한 데이터 사이언스

발 행 | 2018년 1월 2일

지은이 | 애널린 응 · 케네스 수
옮긴이 | 최 광 민

펴낸이 | 권 성 준
편집장 | 황 영 주
편 집 | 이 지 은
디자인 | 송 서 연

에이콘출판주식회사
서울특별시 양천구 국회대로 287 (목동)
전화 02-2653-7600, 팩스 02-2653-0433
www.acornpub.co.kr / editor@acornpub.co.kr

한국어판 ⓒ 에이콘출판주식회사, 2017, Printed in Korea.
ISBN 979-11-6175-079-8
ISBN 978-89-6077-446-9 (세트)
http://www.acornpub.co.kr/book/numsense-data-science

이 도서의 국립중앙도서관 출판시도서목록(CIP)은 서지정보유통지원시스템 홈페이지(http://seoji.nl.go.kr)와 국가자료공동목록시스템(http://www.nl.go.kr/kolisnet)에서 이용하실 수 있습니다.(CIP제어번호: CIP2017029413)

책값은 뒤표지에 있습니다.